Todos los libros de Linkgua Ediciones cuentan con modelos de Inteligencia Artificial entrenados por hispanistas. Pregúntale al chat de tu libro lo que desees acerca de la obra o su autor/a.

Para ebooks: Accede a nuestro modelo de IA a través de este enlace.

Para libros impresos: Escanea el código QR de la portada con tu dispositivo móvil.

Obtén análisis detallados de nuestros libros, resúmenes, respuestas a tus preguntas y accede a nuestras ediciones críticas generativas para una experiencia de lectura más enriquecedora.
La transparencia y el respeto hacia la autoría de las fuentes utilizadas son distintivos básicos de nuestro proyecto. Por ello, las respuestas ofrecen, mediante un sistema de citas, las fuentes con las que han sido elaboradas.

Autores varios

Constitución del Perú de 1993

Barcelona 2024
Linkgua-ediciones.com

Créditos

Título original: Constitución del Perú.

© 2024, Red ediciones S.L.

e-mail: info@linkgua-ediciones.com

Diseño de cubierta: Michel Mallard.

ISBN tapa dura: 978-84-1126-058-9.
ISBN rústica: 978-84-9816-128-1.
ISBN ebook: 978-84-9897-158-3.

Sumario

Constitución Política del Perú, 1993

Preámbulo

EL CONGRESO CONSTITUYENTE DEMOCRÁTICO,
INVOCANDO A DIOS TODOPODEROSO, OBEDE-
CIENDO EL MANDATO DEL PUEBLO PERUANO Y
RECORDANDO EL SACRIFICIO DE TODAS LAS GE-
NERACIONES QUE NOS HAN PRECEDIDO EN NUES-
TRA PATRIA, HA RESUELTO DAR LA SIGUIENTE
CONSTITUCIÓN:

Título I. De la persona y la sociedad

Capítulo I. Derechos fundamentales de la persona
Artículo 1.° La defensa de la persona humana y el respeto de su dignidad son el fin supremo de la sociedad y del Estado.

Artículo 2.° Toda persona tiene su derecho:

1. A la vida, a su identidad, a su integridad moral, psíquica y física y a su libre desarrollo y bienestar. El concebido es sujeto de derecho en todo cuanto le favorece.
2. A la igualdad ante la Ley, Nadie debe ser discriminado por motivo de origen, raza, sexo, idioma, religión, opinión, condición económica o de cualquier otra índole.
3. A la libertad de conciencia y de religión, en forma individual o asociada. No hay persecución por razón de ideas o creencias. No hay delito de opinión. El ejercicio público de todas las confesiones es libre, siempre que no ofenda la moral ni altere el orden público.
4. A las libertades de información, opinión, expresión y difusión del pensamiento mediante la palabra oral o escrita o la imagen, por cualquier medio de comunicación social, sin previa autorización ni censura ni impedimento algunos, bajo las responsabilidades de ley.

Los delitos cometidos por medio del libro, la prensa y demás medios de comunicación social se tipifican en el Código Penal y se juzgan en el fuera común.

Es delito toda acción que suspende o clausura algún órgano de expresión o le impide circular libremente. Los derechos de informar y opinar comprenden los de fundar medios de comunicación.

5. A solicitar sin expresión de causa la información que requiera y a recibirla de cualquier entidad pública, en el plazo legal, con le costo que suponga el pedido. Se exceptúan las informaciones que afectan la intimidad personal y las que expresamente se excluyan por ley o por razones de seguridad nacional.

El secreto bancario y la reserva tributaria puedan levantarse a pedido del juez, del Fiscal de la Nación, o de una comisión investigadora del Congreso con arreglo a ley y siempre que se refieran al caso investigado.

6. A que los servicios informáticos, computarizados o no, públicos o privados, no suministren informaciones que afectan la intimidad personal y familiar.

7. Al honor y a la buena reputación, a la intimidad personal y familiar así como a la voz y a la imagen propias.

Toda persona afectada por afirmaciones inexactas o agraviada en cualquier medio de comunicación social tiene derecho a que éste se rectifique en forma gratuita, inmediata y proporcional, son perjuicio de las responsabilidades de ley.

8. A la libertad de creación intelectual, artística, técnica y científica, así como a la propiedad sobre dichas creaciones y a su producto. El Estado propicia el acceso a la cultura y fomenta su desarrollo y difusión.

9. A la inviolabilidad del domicilio. Nadie puede ingresar en él ni efectuar investigaciones o registros sin autorización de la persona que lo habita o sin mandato judicial, salvo flagrante delito o muy grave peligro de su perpetración. Las excepciones por motivos de sanidad o de grave riesgo son reguladas por la ley.

10. Al secreto y a la inviolablilidad de sus comunicaciones y documentos privados.

Las comunicaciones, telecomunicaciones o sus instrumentos solo pueden ser abiertos, incautados, interceptados o intervenidos por mandamiento motivado del juez, con las garantías previstas en la ley. Se guarda secreto de los asuntos ajenos al hecho que motiva su examen.

Los documentos privados obtenidos con violación de este precepto no tienen efecto legal.

Los libros, comprobantes y documentos contables y administrativos están sujetos a inspección o fiscalización de la autoridad competente, de conformidad con la ley. Las acciones que al respecto se tomen no pueden incluir su sustracción o incautación, salvo por orden judicial.

11. A elegir su lugar de residencia, a transitar por el territorio nacional y a salir de él y entrar en él, salvo limitaciones por razones de sanidad o por mandato judicial o por aplicación de la ley extranjería.

12. A reunirse pacíficamente sin armas. Las reuniones en locales privados o abiertos al público no requieren aviso previo. Las que se convocan en plazas y vías públicas exigen anuncio anticipado a la autoridad, la que puede prohibirlas solamente por motivos probados de seguridad o de sanidad públicas.

13. A asociarse y a constituir fundaciones y diversas formas de organización jurídica sin fines de lucro, sin autorización previa y con arreglo a ley. No pueden ser disueltas por resolución administrativa.

14. A contratar con fines lícitos, siempre que no se contravengan leyes de orden público.

15. A trabajar libremente, con sujeción a ley.

16. A la propiedad y a la herencia.

17. A participar, en forma individual o asociada, en la vida política, económica, social y cultural de la Nación. Los ciudades tienen, conforme a ley, los derechos de elección, de remoción o renovación de autoridades, de iniciativa legislativa y de referéndum.

18. A mantener reserva sobre sus convicciones políticas, filosóficas, religiosas o de cualquiera otra índole, así como a guardar el secreto profesional.

19. A su identidad étnica y cultural. El Estado reconoce y protege la pluralidad étnica y cultural de la Nación.

Todo peruano tiene derecho a usar su propio idioma ante cualquier autoridad mediante un intérprete. Los extranjeros tienen este mismo derecho cuando son citados por cualquier autoridad.

20. A formular peticiones, individual o colectivamente, por escrito ante la autoridad competente, la que está obligada a dar al interesado una respuesta también escrito dentro del plazo legal, bajo responsabilidad.

Los miembros de las Fuerzas Armadas y de la Policía Nacional solo pueden ejercer individualmente el derecho de petición.

21. A su nacionalidad. Nadie puede ser privado del derecho de obtener o de renovar su pasaporte dentro o fuera del territorio de la República.

22. A la paz, a la tranquilidad, al disfrute del tiempo libre y al descanso, así como a gozar de un ambiente equilibrado y adecuado al desarrollo de su vida.

23. A la legítima defensa.

24. A la libertad y a la seguridad personales. En consecuencia:

a. Nadie está obligado a hacer lo que la ley no manda, ni impedido de hacer lo que ella no se prohíbe.

b. No se permite forma alguna de restricción de la libertad personal, salvo en casos previstos por la ley. Están prohibidas la esclavitud, la servidumbre y la trata de seres humanos en cualquiera de sus formas.

c. No hay prisión por deudas. Este principio no limita el mandato judicial por incumplimiento de deberes alimentarios.

d. Nadie será procesado ni condenado por acto u omisión que al tiempo de cometerse no esté previamente calificado en la ley, de manera expresa e inequívoca, como infracción punible; ni sancionado con pena no prevista en la ley.

e. Toda persona es considerada inocente mientras no se haya declarado judicialmente su responsabilidad.

f. Nadie puede ser detenido sino por mandamiento escrito y motivado por juez o por las autoridades policiales en caso de flagrante delito.

El detenido debe ser puesto a disposición del juzgado correspondiente, dentro de las veinticuatro horas o en el término de la distancia.

Estos plazos no se aplican a los casos de terrorismo, espionaje y tráfico ilícito de drogas. En tales casos, las autoridades policiales pueden efectuar la detención preventiva de los presuntos implicados por un término no mayor de quince días naturales. Deben dar cuenta al Ministerio Público y al juez, quien puede asumir jurisdicción antes de vencido dicho término.

g. Nadie puede ser incomunicado sino en le caso indispensable para el esclarecimiento de un delito, y en la forma y por el tiempo previstos por la ley. La autoridad está obligada bajo la responsabilidad a señalar, sin dilación y por escrito, el lugar donde se halla la persona detenida.

h. Nadie debe ser víctima de violencia moral, psíquica o física, ni sometido a tortura o a tratos inhumanos o humillantes. Cualquiera puede pedir inmediato el examen médico de la persona agraviada o de aquella imposibilitada de recurrir por sí misma a la autoridad. Carecen de valor las declaraciones obtenidas por la violencia. Quien la emplea incurre en responsabilidad.

Artículo 3.º La enumeración de los derechos establecidos en este capítulo no excluye los demás que la Constitución garantiza, ni otros de naturaleza análoga o que se fundan en la dignidad del hombre, o en los principios de soberanía del pueblo del Estado democrático de derecho y de la forma republicana de gobierno.

Capítulo II. De los derechos sociales y económicos
Artículo 4.º La comunidad y el Estado protegen especialmente al niño, al adolescente, a la madre y al anciano en situación de abandono. También protegen a la familia y promueven el matrimonio. Reconocen a estos últimos como institutos naturales y fundamentales de la sociedad.

La forma de matrimonio y las causas de separación y de disolución son regulados por la ley.

Artículo 5.º La unión establece de un varón y una mujer, libres de impedimento matrimonial, que forman un hogar de hecho, da lugar a una comunidad de bienes sujeta al régimen de la sociedad de gananciales en cuanto sea aplicable.

Artículo 6.º La política nacional de población tiene como objetivo difundir y promover la paternidad y maternidad responsables. Reconoce el derecho de las familias y de las personas a decidir. En tal sentido, el Estado asegura los programas de educación y la información adecuados y el acceso a los medios, que no afectan la vida o la salud.

Es deber y derecho de los padres alimentar, educar y dar seguridad a sus hijos. Los hijos tienen el deber de respetar y asistir a sus padres.

Todos los hijos tienen iguales derechos y deberes. Está prohibida toda mención sobre el estado civil de los padres y sobre la naturaleza de la filiación en los registros civiles y en cualquier otro documento de identidad.

Artículo 7.º Todos tienen derecho a la protección de su salud, la del medio familiar y de la comunidad así como el deber de contribuir a su promoción y defensa. La persona incapacitada para valor por sí misma a causa de una deficiencia física o mental tiene derecho al respeto de su dignidad y a un régimen legal de protección, atención, readaptación y seguridad.

Artículo 8.º El Estado combate y sanciona el tráfico ilícito de drogas. Así mismo, regula el uso de los tóxicos sociales.

Artículo 9.º El Estado determina la política nacional de salud. El Poder Ejecutivo norma y supervisa su aplicación. Es responsable de diseñarla y conducirla en forma plural y descentralizadora para facilitar a todos el acceso equitativo a los servicios de salud.

Artículo 10.° El Estado reconoce el derecho universal y progresivo de toda persona a la seguridad social, para su protección frente a las contingencias que precise la ley y para la elevación de su calidad de vida.

Artículo 11.° El Estado garantiza el libre acceso a prestaciones de salud y a pensiones, a través de entidades políticas, privadas o mixtas. Supervisa así mismo su eficaz funcionamiento.

Artículo 12.° Los fondos y las reservas de la seguridad social son intangibles. Los recursos se aplican en la forma y bajo la responsabilidad que señala la ley.

Artículo 13.° La educación tiene como finalidad el desarrollo integral de la persona humana. El Estado reconoce y garantiza la libertad de enseñanza. Los padres tienen el deber de educar a sus hijos y el derecho de escoger los centros de educación y de participar en el proceso educativo.

Artículo 14.° La educación promueve el conocimiento, el aprendizaje y la práctica de las humanidades, la ciencia, la técnica, las artes, la educación física y el deporte. Prepara para la vida y el trabajo y fomenta la solidaridad.

Es deber del Estado promover el desarrollo científico y tecnológico del país.

La formación ética y cívica y la enseñanza de la Constitución y de los derechos humanos son obligatorias en todo el proceso educativo civil o militar. La educación religiosa se imparte con respeto a la libertad de las conciencias.

La enseñanza se imparte, en todos sus niveles, con sujeción a los principios constitucionales y a los fines de la correspondiente institución educativa.

Los medios de comunicación social deben colaborar con el Estado en la educación y en la formación moral y cultural.

Artículo 15.º El profesorado en la enseñanza oficial es carrera pública. La ley establece los requisitos para desempeñarse como director o profesor de un centro educativo, así como sus derechos y obligaciones. El Estado y la sociedad procuran su evaluación, capacitación profesionalización y promoción permanentes.

El educando tiene derecho a una formación que respete su identidad, así como al buen trato psicológico y físico.

Todas persona, natural o jurídica, tiene el derecho de promover y conducir instituciones educativas y el de transferir la propiedad de éstas, conforme a ley.

Artículo 16.º Tanto el sistema como el régimen educativo son descentralizados.

El Estado coordina la política educativa. Formula los lineamientos generales de los planes de estudios así como los requisitos mínimos de la organización de los centros educativos. Supervisa su cumplimiento y la calidad de la educación.

Es deber del Estado asegurar que nadie se vea impedido de recibir educación adecuada por razón de su situación económica o de limitaciones mentales o físicas.

Se da prioridad a la educación en la asignación de recursos ordinarios del Presupuesto de la República.

Artículo 17.º La educación inicial, primaria y secundaria son obligatorias. En las instituciones del Estado, la educación es gratuita. En las universidades públicas el Estado garantiza el derecho a educarse gratuitamente a los alumnos que mantengan un rendimiento satisfactorio y no cuentan con los recursos económicos necesarios para cubrir los costos de la educación.

Con el fin de garantizar la mayor pluralidad de la oferta educativa, y en favor de quienes no pueden sufragar la educación, la ley fija el modo de subvencionar la educación privada en cualquiera de sus modalidades, incluyendo la comunal y la cooperativa.

El Estado promueve la creación de centros de educación donde la población los requiera.

El Estado garantiza la erradicación del analfabetismo. Asimismo fomenta la educación bilingüe e intercultural, según las características de cada zona. Preserva las diversas manifestaciones culturales y lingüísticas del país. Promueve la integración nacional.

Artículo 18.º La educación universitaria tiene como fines la formación profesional, la difusión cultural, la creación intelectual y artística y la investigación científica y tecnológica. El Estado garantiza la libertad de cátedra y rechaza la intolerancia.

Las universidades son promovidas por entidades privadas o públicas. La ley fija las condiciones para autorizar su funcionamiento.

La universidad es la comunidad de profesores, alumnos y graduados. Participan en ella los representantes de los promotores, de acuerdo a ley.

Cada universidad es autónoma en su régimen normativo, de gobierno, académico, administrativo y económico. Las universidades se rigen por sus propios estatutos en el marco de la Constitución y de las leyes.

Artículo 19.° Las universidades, institutos superiores y demás centros educativos constituidos conforme a la legislación en la materia gozan de inafectación de todo impuesto directo e indirecto que afecte los bienes, actividades y servicios propios de su finalidad educativa y cultural. En materia de aranceles de importación, puede establecerse un régimen especial de afectación para determinados bienes.

Las donaciones y becas con fines educativos gozarán de exoneración y beneficios tributarios en la forma y dentro de los límites que fije la ley.

La ley establece los mecanismos de fiscalización a que se sujetan las mencionadas instituciones, así como los requisitos y condiciones que deben cumplir los centros culturales que por excepción puedan gozar de los mismos beneficios.

Para las instituciones educativas privadas que generen ingresos que por ley sean calificados como utilidades, puede establecerse la aplicación del impuesto a la renta.

Artículo 20.º Los colegios profesionales son instituciones autónomas con personalidad de derecho público. La ley señala los casos en que la colegiación es obligatoria.

Artículo 21.º Los yacimientos y restos arqueológicos, construcciones, monumentos, lugares, documentos bibliográficos y de archivo, objetos artísticos y testimonios de valor histórico, expresamente declarados bienes culturales, y provisionalmente los que se presumen como tales, son patrimonio cultural de la Nación, independientemente de su condición de propiedad privada y pública. Están protegidos por el Estado.

La ley garantiza la propiedad de dicho patrimonio.

Fomenta conforme a ley, la participación privada en la conservación, restauración exhibición y difusión del mismo, así como se restitución al país cuando hubiere sido ilegalmente trasladado fuera del territorio nacional.

Artículo 22.º El trabajo es un deber y un derecho. Es base del bienestar social y un medio de realización de la persona.

Artículo 23.º El trabajo, en sus diversas modalidades, es objeto de atención prioritaria del Estado, el cual protege especialmente a la madre, al menor de edad y al impedido que trabajan.

El Estado promueve condiciones para el progreso social y económico, en especial mediante políticas de fomento del empleo productivo y de educación para el trabajo.

Ninguna relación laboral puede limitar el ejercicio de los derechos constitucionales, ni desconocer o rebajar la dignidad del trabajador.

Nadie está obligado a prestar trabajo sin retribución o sin su libre consentimiento.

Artículo 24.º El trabajador tiene derecho a una remuneración equitativa y suficiente, que procure, para él y su familia, el bienestar material y espiritual.

El pago de la remuneración y de los beneficios sociales del trabajador tiene prioridad sobre cualquiera otra obligación del empleador.

Artículo 25.º La jornada ordinaria de trabajo es de ocho horas diarias o cuarenta y ocho horas semanales, como máximo. En caso de jornadas acumulativas o atípicas, el promedio de horas trabajadas en el período correspondiente no puede superar dicho máximo.

Los trabajadores tiene derecho a descanso semanal y anual remunerados. Su disfrute y su compensación se regulan por ley o por convenio.

Artículo 26.º En la relación laboral se respetan los siguientes principios:

1. Igualdad de oportunidades sin discriminación
2. Carácter irrenunciable de los derechos reconocidos por la Constitución y la ley.
3. Interpretación favorable al trabajador en caso de duda insalvable sobre el sentido de una norma.

Artículo 27.º La ley otorga al trabajador adecuada protección contra el despido arbitrario.

Artículo 28.º El Estado reconoce los derechos de sindicación, negociación colectiva y huelga, cautela su ejercicio democrático:

1. Garantiza la libertad sindical.
2. Fomenta la negociación colectiva y promueve formas de solución pacífica de los conflictos laborales. La convención colectiva tiene fuerza vinculante en el ámbito de lo concertado.
3. Regula el derecho de huelga para que se ejerza en armonía con el interés social. Señala sus excepciones y limitaciones.

Artículo 29.º El Estado reconoce el derecho de los trabajadores a participar en las utilidades de la empresa y promueve otras formas de participación.

Capítulo III. De los derechos políticos y de los deberes

Artículo 30.º Son ciudadanos los peruanos mayores de dieciocho años. Para el ejercicio de la ciudadanía se requiere la inscripción electoral.

Artículo 31.º Los ciudadanos tienen derecho a participar en los asuntos públicos mediante referéndum; iniciativa legislativa; remoción o renovación de autoridades y demanda de rendición de cuentas. Tienen también el derecho de ser elegidos y de elegir libremente a sus representantes, de acuerdo con las condiciones y procedimientos determinados por ley orgánica.

Es derecho y deber de los vecinos participar en el gobierno municipal de su jurisdicción. La ley norma y promueve los mecanismos directos e indirectos de su participación.

Tienen derecho al voto los ciudadanos en goce de su capacidad civil.

El voto es personal, igual, libre, secreto y obligatorio hasta los setenta años. Es facultativo después de esa edad.

Es nulo y punible todo acto que prohíba o limite al ciudadano el ejercicio de sus derechos.

Artículo 32.º Pueden ser sometidas a referéndum:

1. La reforma total o parcial de la Constitución;
2. La aprobación de normas con rango de ley;
3. Las ordenanzas municipales; y,
4. Las materias relativas al proceso de descentralización. No pueden someterse a referéndum la supresión o la disminución de los derechos fundamentales de la persona, ni las normas de carácter tributario y presupuestal, ni los tratados internacionales en vigor.

Artículo 33.º El ejercicio de la ciudadanía se suspende:

1. Por resolución judicial de interdicción.
2. Por sentencia con pena privativa de la libertad.
3. Por sentencia con inhabilitación de los derechos políticos.

Artículo 34.º Los miembros de las Fuerzas Armadas y de la Policía Nacional en actividad no pueden elegir ni ser elegidos. No existen ni pueden crearse otras inhabilitaciones.

Artículo 35.º Los ciudadanos pueden ejercer sus derechos individualmente o a través de organizaciones políticas como partidos, movimientos o alianzas, conforme a ley. Tales organizaciones concurren a la formación y manifestación de la voluntad popular. Su inscripción en el registro correspondiente les concede personalidad jurídica.

La ley establece normas orientadas a asegurar el funcionamiento democrático de los partidos políticos, y la transparencia en cuanto al origen de sus recursos económicos y el acceso de gratuito a los medios de comunicación social propiedad del Estado en forma proporcional al último resultado electoral general.

Artículo 36.º El Estado reconoce el asilo político. Acepta la calificación del asilado que otorga el gobierno asilante. En caso de expulsión, no se entrega al asilado al país cuyo gobierno lo persigue.

Artículo 37.º La extradición solo se concede por el Poder Ejecutivo previo informe de la Corte Suprema, en cumplimiento de la ley y de los tratados, y según el principio de reciprocidad.

No se concede extradición si se considera que ha sido solicitada con el fin de perseguir o castigar por motivo de religión, nacionalidad, opinión o raza.

Quedan excluidos de la extradición los perseguidos por delitos políticos o por hechos conexos con ellos. No se consideran tales el genocidio ni el magnicidio ni el terrorismo.

Artículo 38.° Todos los peruanos tienen el deber de honrar al Perú y de proteger los intereses nacionales, así como de respetar, cumplir y defender la Constitución y el ordenamiento jurídico de la Nación.

Capítulo IV. De la función pública

Artículo 39.° Todos los funcionarios y trabajadores públicos están al servicio de la Nación. El Presidente de la República tiene la más alta jerarquía en el servicio a la Nación y, ese orden, los representantes al Congreso, ministros de Estado, miembros del Tribunal Constitucional y del Consejo de la Magistratura, los magistrados supremos, el Fiscal de la Nación y el Defensor del Pueblo, en igual categoría; y los representantes de organismos descentralizados y alcaldes, de acuerdo a ley.

Artículo 40.° La ley regula el ingreso a la carrera administrativa, y los derechos, deberes y responsabilidades de los servidores públicos. No están comprendidos en dicha carrera los funcionarios que desempeñan cargos políticos o de confianza. Ningún funcionario o servidor público puede desempeñar más de un empleo o cargo público remunerado, con excepción de uno más por función docente.

No están comprendidos en la función pública los trabajadores de las empresas del Estado o de sociedades de economía mixta.

Es obligatoria la publicación periódica en el diario oficial de los ingresos que, por todo concepto, perciben los altos funcionarios, y otros servidores públicos que señala la ley, en razón de sus cargos.

Artículo 41.º Los funcionarios y servidores públicos que señala la ley o que administran o manejan fondos del Estado o de organismos sostenidos por éste deben hacer declaración jurada de bienes y rentas al tomar posesión de sus cargos, durante se ejercicio y al cesar los mismos. La respectiva publicación se realiza en el diario oficial en la forma y condiciones que señala la ley.

Cuando se presume enriquecimiento ilícito, el Fiscal de la Nación, por denuncia de terceros o de oficio, formula cargos ante el Poder Judicial.

La ley establece la responsabilidad de los funcionarios y servidores públicos, así como el plazo de su inhabilitación para su la función pública.

El plazo de prescripción se duplica en caso de delitos cometidos contra el patrimonio del Estado.

Artículo 42.º Se reconocen los derechos de sindicación y huelga de los servidores públicos. No están comprendidos los funcionarios del Estado con poder de decisión y los que desempeñan cargos de confianza o de dirección, así como los miembros de las Fuerzas Armadas y de la Policía Nacional.

Título II. Del Estado y la nación

Capítulo I. Del Estado, la nación y el territorio

Artículo 43.° La República del Perú es democrática, social, independiente y soberana.

El Estado es uno e indivisible.

Su gobierno es unitario, representativo y descentralizado, y se organiza según el principio de la separación de poderes.

Artículo 44.° Son deberes primordiales del Estado: defender la soberanía nacional; garantizar la plena vigencia de los derechos humanos; proteger a la población de las amenazas contra su seguridad; y promover el bienestar general que se fundamenta en la justicia y en el desarrollo integral y equilibrado de la Nación.

Asimismo, es deber del Estado establecer y ejecutar la política de fronteras y promover la integración, particularmente latinoamericana, así como el desarrollo y la cohesión de las zonas fronterizas, en concordancia con la política exterior.

Artículo 45.° El poder del Estado emana del pueblo. Quienes lo ejercen lo hacen con las limitaciones y responsabilidades que la Constitución y las leyes establecen.

Ninguna persona, organización, Fuerza Armada, Policía Nacional o sector de la población puede arrogarse el ejercicio de ese poder. Hacerlo constituye rebelión o sedición.

Artículo 46.º Nadie debe obediencia a un gobierno usurpador, ni a quienes asumen funciones públicas en violación de la Constitución y de las leyes.

La población civil tiene el derecho de insurgencia en defensa del orden constitucional.

Son nulos los actos de quienes usurpan funciones públicas.

Artículo 47.º La defensa de los intereses del Estado está a cargo de los Procuradores Públicos conforme a ley. El Estado está exonerado del pago de gastos judiciales.

Artículo 48.º Son idiomas oficiales el castellano y, en las zonas donde predominen, también lo son el quechua, el aimara y las demás lenguas aborígenes, según la ley.

Artículo 49.º La capital de la República del Perú es la ciudad de Lima. Su capital histórica es la ciudad de Cuzco.

Son símbolos de la patria la bandera de tres franjas verticales con los colores rojo, blanco y rojo, y el escudo y el himno nacional establecidos por ley.

Artículo 50.º Dentro de un régimen de independencia autonomía, el Estado reconoce a la Iglesia Católica como elemento importante en la formación histórica, cultural y moral del Perú, y le presta su colaboración.

El Estado respeta otras confesiones y puede establecer formas de colaboración con ellas.

Artículo 51.º La Constitución prevalece sobre toda norma legal; la ley, sobre las normas de inferior jerarquía, y así sucesivamente. La publicidad es esencial para la vigencia de toda norma del Estado.

Artículo 52.º Son peruanos por nacimiento los nacidos en el territorio del Perú. También lo son los nacidos en el exterior de padre o madre peruanos, inscritos en el registro correspondiente durante su minoría de edad.

Son asimismo peruanos los que adquieren la nacionalidad por naturalización o por opción, siempre que tengan residencia en el Perú.

Artículo 53.º La ley regula las formas en que se adquiere o recupera la nacionalidad.

La nacionalidad peruana no se pierde, salvo por renuncia expresa ante la autoridad peruana.

Artículo 54.º El territorio del Estado es inalienable e inviolable. Comprende el suelo, el subsuelo, el dominio marítimo, y el espacio aéreo que los cubre.

El dominio marítimo del Estado comprende el mar adyacente a sus costas, así como su lecho y subsuelo, hasta la distancia de doscientas millas marinas medidas desde las líneas de base que establece la ley.

En su dominio marítimo, el Estado ejerce soberanía jurisdicción, sin perjuicio de las libertades de comunicación internacional, de acuerdo con la ley y con los tratados ratificados por el Estado.

El Estado ejerce soberanía y jurisdicción sobre el espacio aéreo que cubre su territorio y el mar adyacente hasta el límite de las doscientas millas, sin perjuicio de las libertades de comunicación internacional, de conformidad con las ley y con los tratados ratificados por el Estado.

Capítulo II. De los tratados

Artículo 55.º Los tratados celebrados por el Estado y en vigor forman parte del derecho nacional.

Artículo 56.º Los tratados deben ser aprobados por el Congreso antes de su ratificación por el Presidente de la República, siempre que versan sobre las siguientes materias:

1. Derechos humanos.
2. Soberanía, dominio o integridad del Estado.
3. Defensa Nacional.
4. Obligaciones financieras del Estado.

También deben ser aprobados por el Congreso los tratados que crean, modifican o suprimen tributos; los que exigen modificación o derogación de alguna ley y los que requieren medidas legislativas para su ejecución.

Artículo 57.º El Presidente de la República puede celebrar o ratificar tratados o adherir a éstos sin el requisito de la aprobación previa del Congreso en materias no contempladas en Artículo precedente. En todos estos casos, debe dar cuenta al Congreso.

Cuando el tratado afecte disposiciones constitucionales debe ser aprobado por el mismo procedimiento que rige la reforma de la Constitución, antes de ser ratificado por el Presidente de la República.

La denuncia de los tratados es potestad del Presidente de la República, con cargo de dar cuenta al Congreso. En el caso de los tratados sujetos a aprobación del Congreso, la denuncia requiere aprobación previa de éste.

Título III. Del régimen económico

Capítulo I. Principios generales

Artículo 58.º La iniciativa privada es libre. Se ejerce en una economía social de mercado. Bajo este régimen, el Estado orienta el desarrollo del país, y actúa principalmente en las áreas de promoción de empleo, salud, educación, seguridad, servicios públicos e infraestructura.

Artículo 59.º El Estado estimula la creación de riqueza y garantiza la libertad de trabajo y la libertad de empresa, comercio e industria. El ejercicio de estas libertades no debe ser lesivo a la moral, ni a la salud, ni a la seguridad públicas. El Estado brinda oportunidades de superación a los sectores que sufren cualquier desigualdad; en tal sentido, promueve las pequeñas empresas en todas sus modalidades.

Artículo 60.º El Estado reconoce el pluralismo económico. La economía nacional se sustenta en la coexistencia de diversas formas de propiedad y de empresa. Solo autorizado por ley expresa, el Estado puede realizar subsidiariamente actividad empresarial, directa o indirecta, por razón de alto interés público o de manifiesta convivencia nacional.

La actividad empresarial, pública o no pública, recibe el mismo tratamiento legal.

Artículo 61.º El Estado facilita y vigila la libre competencia. Combate toda práctica que la limite y el abuso de posiciones dominantes o monopolios.

La prensa, la radio, la televisión y los demás medios de comunicación social; y, en general, las empresas, los bienes y servicios relacionados con la libertad de expresión y de comunicación, no pueden ser objeto de exclusividad, monopolio ni acaparamiento, directa ni indirectamente, por parte del Estado ni de particulares.

Artículo 62.º La libertad de contratar garantiza que las partes pueden pactar válidamente según las normas vigentes al tiempo del contrato. Los términos contractuales no pueden ser modificados por leyes u otras disposiciones de cualquier clase. Los conflictos derivados de la relación contractual solo se solucionan en la vía arbitral o en la judicial, según los mecanismos de protección previstos en el contrato o contemplados en la ley.

Mediante contratos-ley, el Estado puede establecer garantías y otorgar seguridades. No pueden ser modificados legislativamente, sin perjuicio de la protección a que se refiere el párrafo precedente.

Artículo 63.º La inversión nacional y la extranjera se sujetan a las mismas condiciones. La producción de bienes y servicios y el comercio exterior son libres. Si otro país o países adoptan medidas proteccionistas o discriminatorias que perjudiquen el interés nacional, el Estado puede, en defensa de éste, adoptar medidas análogas.

En todo contrato del Estado y de las personas de derecho público con extranjeros domiciliados consta el sometimiento de éstos a las leyes u órganos jurisdiccionales de la República y se renuncia a toda reclamación diplomática. Pueden ser exceptuados en la jurisdicción nacional los contratos de carácter financiero.

El Estado y las demás personas de derecho público pueden someter las controversias derivadas de relación contractual a tribunales constituidos en virtud de tratados en vigor. Pueden también someterlas a arbitraje nacional o internacional, en la forma en que lo disponga la ley.

Artículo 64.º El Estado garantiza la libre tenencia y disposición de moneda extranjera.

Artículo 65.º El Estado defiende el interés de los consumidores y usuarios. Para tal efecto garantiza el derecho a la información sobre bienes y servicios que se encuentran a su disposición en el mercado. Asimismo vela, en particular, por la salud y la seguridad de la población.

Capítulo II. Del ambiente y los recursos naturales
Artículo 66.º Los recursos naturales, renovables y no renovables, son patrimonio de la Nación. El Estado es soberano en su aprovechamiento. Por ley orgánica se fijan las condiciones de su utilización y de su otorgamiento a particulares. La concesión otorga a su titular un derecho real, sujeto a dicha norma legal.

Artículo 67.º El Estado determina la política nacional del ambiente. Promueve el uso sostenible de sus recursos naturales.

Artículo 68.º El Estado está obligado a promover la conservación de la diversidad biológica y de las áreas naturales protegidas.

Artículo 69.º El Estado promueve el desarrollo sostenible de la Amazonia con una legislación adecuada.

Capítulo III. De la propiedad
Artículo 70.º El derecho de propiedad es inviolable. El Estado lo garantiza. Se ejerce en armonía con el bien común dentro de los límites de ley. A nadie puede privarse de su propiedad sino, exclusivamente, por causa de seguridad nacional o necesidad pública, declarada por ley, y previo pago en efectivo de indemnización justipreciada que incluya compensación por el eventual perjuicio. Hay acción ante el poder Judicial para contestar el valor de la propiedad que el Estado haya señalado en el procedimiento expropiatorio.

Artículo 71.º En cuanto a la propiedad, los extranjeros, sean personas naturales o jurídicas, están en la misma condición que los peruanos, sin que, en caso alguno, puedan invocar excepción ni protección diplomática.

Sin embargo, dentro de cincuenta kilómetros de las fronteras, los extranjeros no pueden adquirir mi poseer, por título alguno, minas, tierras, bosques, aguas, combustibles ni fuentes de energía, directa ni indirectamente, individualmente ni en la sociedad, bajo pena de perder, en beneficio del Estado, el derecho así adquirido. Se exceptúa el caso de necesidad pública expresamente declarada por decreto supremo aprobado por el Consejo de Ministros conforme a ley.

Artículo 72.º La ley puede, solo por razón de seguridad nacional, establecer temporalmente restricciones y prohibiciones específicas para la adquisición, posesión, explotación y transferencia de determinados bienes.

Artículo 73.º Los bienes de dominio público son inalienables e imprescriptibles. Los bienes de uso público pueden ser concedidos a particulares conforme a ley, para su aprovechamiento económico.

Capítulo IV. Del régimen tributario y presupuestal
Artículo 74.º Los tributos se crean, modifican o derogan, o se establece una exoneración exclusivamente por ley o decreto legislativo en caso de delegación de facultades, salvo los aranceles y tasas, los cuales se regulan mediante decreto supremo.

Los gobiernos locales pueden crear, modificar y suprimir contribuciones y tasas, o exonerar de éstas, dentro de su jurisdicción y con límites que señala la ley. El Estado, al ejercer la potestad tributaria, debe respetar los principios de reserva de la ley, y los de igualdad y respeto de los derechos fundamentales de la persona. Ningún tributo puede tener efecto confiscatorio.

Los decretos de urgencia no pueden contener materia tributaria. Las leyes relativas a tributos de periodicidad anual rigen a partir del primero de enero del año siguiente a su promulgación. Las leyes de presupuesto no pueden contener normas sobre materia tributaria.

No surten efecto las normas tributarias dictadas en violación de lo que establece el presente Artículo.

Artículo 75.º El Estado solo garantiza el pago de la deuda pública contraída por gobiernos constitucionales de acuerdo con la Constitución y la ley.

Las operaciones de endeudamiento interno y externo del Estado se aprueban conforme a ley.

Los municipios pueden celebrar operaciones de crédito con cargo a sus recursos y bienes propios, sin requerir autorización legal.

Artículo 76.º Las obras y la adquisición de suministros con utilización de fondos o recursos públicos se ejecutan obligatoriamente por contrata y licitación pública, así como también la adquisición o la enajenación de bienes.

La contratación de servicios y proyectos cuya importancia y cuyo monto señala la Ley de Presupuesto se hace por concurso público. La ley establece el procedimiento, las excepciones y las respectivas responsabilidades.

Artículo 77.º La administración económica y financiera del Estado se rige por el presupuesto que anualmente aprueba el Congreso. La estructura del presupuesto del sector público contiene dos secciones: gobierno central e instancias descentralizadas.

El presupuesto asigna equitativamente los recursos públicos. Su programación y ejecución responden a los criterios de eficiencia, de necesidades sociales básicas y de descentralización.

Corresponde a las respectivas circunscripciones, conforme a ley, recibir una participación adecuada del impuesto a la renta percibido por la explotación de los recursos naturales en cada zona, en calidad de canon.

Artículo 78.º El Presidente de la República envía al Congreso el proyecto de Ley de Presupuesto dentro de un plazo que vence el 30 de agosto de cada año.
En la misma fecha, envía también los proyectos de ley de endeudamiento y de equilibrio financiero.
El proyecto presupuestal debe estar efectivamente equilibrado.
Los préstamos procedentes del Banco Central de Reserva o del Banco de la Nación no se contabilizan como ingreso fiscal.
No pueden cubrirse con empréstitos los gastos de carácter permanente.
No puede aprobarse el presupuesto sin partida destinada al servicio de la deuda pública.

Artículo 79.º Los representantes ante el Congreso no tienen iniciativa para crear ni aumentar gastos públicos, salvo en lo que se refiere a su presupuesto.

El Congreso no puede aprobar tributos con fines predeterminados, salvo por solicitud del Poder Ejecutivo.

En cualquier otro caso, las leyes de índole tributaria referidas a beneficios o exoneraciones requieren previo informe del Ministerio de Economía y Finanzas.

Solo por ley expresa, aprobada por dos tercios de los Congresistas, puede establecerse selectiva y temporalmente un tratamiento de tributario especial para una determinada zona del país.

Artículo 80.º El Ministro de Economía y Finanzas sustenta, ante el Pleno del Congreso, el pliego de ingresos. Cada ministro sustenta los pliegos de egresos de su sector. El Presidente de la Corte Suprema, el Fiscal de la Nación y el Presidente de Jurado Nacional de Elecciones sustentan los pliegos correspondientes a cada institución.

Si la autógrafa de la Ley de Presupuesto no es remitida al Poder Ejecutivo hasta el treinta de noviembre, entra en vigencia el Proyecto de éste, que es promulgado por decreto legislativo.

Los créditos suplementarios, habilitaciones y transferencias de partidas se tramitan ante el Congreso tal como la Ley de Presupuesto. Durante el receso parlamentario se tramitan ante la Comisión Permanente. Para aprobarlos, se requiere los votos de los tres quintos del número legal de sus miembros.

Artículo 81.º La Cuenta General de la República, acompañada del informe de auditoría de la Controlaría General, es remitida por el Presidente de la República al Congreso en un plazo que vence el quince de noviembre del año siguiente al de ejecución del presupuesto.

La Cuenta General es examinada y dictaminada por una comisión revisora dentro de los noventa días siguientes a su presentación. El Congreso se pronuncia en un plazo de treinta días. Si no hay pronunciamiento de Congreso en el plazo señalado, se eleva el dictamen de la Comisión Revisora al Poder Ejecutivo para que éste promulgue un decreto legislativo que contiene la Cuenta General.

Artículo 82.º La Contraloría General de la República es una entidad descentralizada de Derecho Público que goza de autonomía conforme a su ley orgánica. Es el órgano superior del Sistema Nacional de Control. Supervisa la legalidad de la ejecución del Presupuesto del Estado, de las operaciones de la deuda pública y de los actos de las instituciones sujetas a control.

El Contralor General es designado por el Congreso, a propuesta del Poder Ejecutivo por siete años. Puede ser removido por el Congreso por falta grave.

Capítulo V. De la moneda y la banca
Artículo 83.º La ley determina el sistema monetario de la República. La emisión de billetes y monedas es facultad exclusiva del Estado. La ejerce por intermedio del Banco Central de Reserva del Perú.

Artículo 84.º El Banco Central es persona jurídica de derecho público. Tiene autonomía dentro del marco de su Ley Orgánica.

La finalidad del Banco Central es preservar la estabilidad monetaria. Sus funciones son: regular la moneda y el crédito del sistema financiero, administrar las reservas internacionales a su cargo, y las demás funciones que señala su ley orgánica.

El Banco informa al país prohibido de conceder financiamiento el erario, salvo la compra, en el mercado secundario, de valores emitidos por el Tesoro Público, dentro del límite que señala su Ley Orgánica.

Artículo 85.º El Banco puede efectuar operaciones y celebrar convenios de crédito para cubrir desequilibrios transitorios en la posición de las reservas internacionales.

Requiere autorización por ley cuando el monto de tales operaciones o convenios supera el límite señalado por el Presupuesto del Sector Público, con cargo de dar cuenta al Congreso.

Artículo 86.º El Banco es gobernado por un Directorio de siete miembros. El Poder Ejecutivo designa a cuatro, entre ellos al Presidente. El Congreso ratifica a éste y elige a los tres restantes, con la mayoría absoluta del número legal de sus miembros.

Todos los directores del Banco son nombrados por el período constitucional que corresponde al Presidente de la República. No representan a entidad ni interés particular algunos. El Congreso puede removerlos por falta grave. En caso de remoción, los nuevos directores completan el correspondiente período constitucional.

Artículo 87.º El Estado fomenta y garantiza el ahorro. La Ley establece las obligaciones y los límites de las empresas que reciben ahorros del público, así como el modo y los alcances de dicha garantía.

La Superintendencia de Banca y Seguros ejerce el control de las empresas bancarias y de seguros, de las demás que reciben depósitos del público y de aquellas otras que, por realizar operaciones conexas o similares, determina la ley.

La Ley establece la organización y la autonomía funcional de la Superintendencia de Banca y Seguros.

El Poder Ejecutivo designa al Superintendente de Banca y Seguros por el plazo correspondiente a su período constitucional. El Congreso lo ratifica.

Capítulo VI. Del régimen agrario y de las
comunidades campesinas y nativas

Artículo 88.° El Estado apoya preferentemente el desarrollo agrario. Garantiza el derecho de propiedad sobre la tierra, en forma privada o comunal o en cualquiera otra forma asociativa. La ley puede fijar los límites y la extensión de la tierra según las peculiaridades de cada zona.

Las tierras abandonadas, según previsión legal, pasan al dominio del Estado para su adjudicación en venta.

Artículo 89.° Las Comunidades Campesinas y las Nativas tienen existencia legal y son personas jurídicas.

Son autónomas en su organización, en el trabajo comunal y en luso y la libre disposición de sus tierras, así como en lo económico y administrativo, dentro del marco que la ley establece. La propiedad de sus tierras es imprescriptible, salvo en el caso de abandono previsto en el Artículo anterior.

El Estado respeta la identidad cultural de las Comunidades Campesinas y Nativas.

Título IV. De la estructura del Estado

Capítulo I. Poder Legislativo

Artículo 90.° El Poder Legislativo reside en el Congreso, el cual consta Cámara Única.

El número de congresistas es de ciento veinte. El Congreso se elige por un período de cinco años mediante un proceso electoral organizado conforme a ley. Los candidatos a la presidencia no pueden integrar las listas de candidatos a congresistas. Los candidatos a vicepresidentes pueden ser simultáneamente candidatos a una representación a Congreso.

Para ser elegido congresista se requiere ser peruano de nacimiento, haber cumplido veinticinco años y gozar de derecho de sufragio.

Artículo 91.° No pueden ser elegidos congresistas si no han dejado al cargo seis meses antes de la elección:

1. Los ministros y viceministros de Estado, el Contralor General, y las autoridades regionales.
2. Los miembros del Tribunal Constitucional, del Consejo Nacional de la Magistratura, del Poder Judicial, del Ministerio Público, del Jurado Nacional de Elecciones, ni el Defensor de Pueblo.
3. El Presidente del Banco Central de Reserva, el Superintendente de Banca y Seguros, el Superintendente de Administración Tributaria, el Superintendente Nacional de

Aduanas y el Superintendente de Administradoras de Fondos Privados de Pensiones. Y

4. Los miembros de las Fuerzas Armadas y de la Policía Nacional en actividad.

Artículo 92.º La función de congresista es de tiempo completo; le ésta prohibido desempeñar cualquier cargo o ejercer cualquier profesión u oficio, durante las horas de funcionamiento del Congreso.

El mandato del congresista es incompatible con el ejercicio de cualquier otra función pública, excepto la de Ministro de Estado, y el desempeño, previa autorización del Congreso, de comisiones extraordinarias de carácter internacional.

La función de congresista es, asimismo, incompatible con la condición de gerente, apoderado, representante, mandatorio, abogado, accionista mayoritario o miembro del Directorio de empresas que tienen con el Estado contratos de obra, de suministro o de aprovisionamiento, o que administran rentas públicas o prestan servicios públicos.

La función de congresista es incompatible con cargos similares en empresas que, durante el mandato del congresista, obtengan concesiones del Estado, así como en empresas del sistema crediticio financiero supervisadas por la Superintendencia de Banca y Seguros.

Artículo 93.º Los Congresistas representan a la Nación. No están sujetos a mandato imperativo ni a interpelación.

No son responsables ante autoridad ni órgano jurisdiccional alguno por las opiniones y votos que emiten en el ejercicio de sus funciones.

No pueden ser procesados no presos sin previa autorización del Congreso o de la Comisión Permanente, desde que son elegidos hasta un mes después de haber cesado sus funciones, excepto por delito flagrante, caso en el cual son puestos a disposición del Congreso o de la Comisión Permanente dentro de las veinticuatro horas, a fin de que se autorice o no la privación de la libertad y el enjuiciamiento.

Artículo 94.º El Congreso elabora y aprueba su Reglamento, que tiene fuerza de ley; elige a sus representantes en la Comisión Permanente y en las demás comisiones; establece la organización y las atribuciones de los grupos parlamentarios; gobierna su economía; sanciona su presupuesto; nombra y remueva a sus funcionarios y empleados, y les otorga los beneficios que les corresponden de acuerdo a ley.

Artículo 95.º El mandato legislativo es irrenunciable.

Las sanciones disciplinarias que impone el Congreso a los representantes y que implican suspensión de funciones no pueden exceder de ciento veinte días de legislatura.

Artículo 96.º Cualquier representante a Congreso puede pedir a los Ministros del Estado, al Jurado Nacional de Elecciones, al Contralor General, al Banco Central de Reserva, a la Superintendencia de Banca y Seguros, a los gobiernos locales y a las instituciones que señala la ley, los informes que estime necesarios.

El pedido de se hace por escrito y de acuerdo con el Reglamento del Congreso. La falta de respuesta da lugar a las responsabilidades de ley.

Artículo 97.º El Congreso puede iniciar investigaciones sobre cualquier asunto de interés público. Es obligatorio comparecer, por requerimiento, ante las comisiones encargadas de tales investigaciones, bajo los mismos apremios que se observan en el procedimiento judicial.

Para el cumplimiento de sus fines, dichas comisiones pueden acceder a cualquier información, la cual puede implicar el levantamiento del secreto bancario y el de la reserva tributaria; excepto la información que afecte la intimidad personal. Sus conclusiones no obligan a los órganos jurisdiccionales.

Artículo 98.º El Presidente de la República está obligada a poner a disposición del Congreso los efectivos de las Fuerzas Armadas y de la Policía Nacional que demande el Presidente del Congreso.

Las Fuerzas Armadas y la Policía Nacional no pueden ingresar en el recinto del Congreso sino con autorización de su propio Presidente.

Artículo 99.º Corresponde a la Comisión Permanente acusar ante el Congreso; al Presidente de la República; a los representantes a Congreso; a los Ministros de Estado; a los miembros del Tribunal Constitucional; a los miembros del Consejo Nacional de la Magistratura; a los vocales de la Corte Suprema; a los fiscales supremos; al Defensor del Pueblo y al Contralor General por infracción de la Constitución y por todo delito que cometan en el ejercicio de sus funciones y hasta cinco años después de que hayan cesado en éstas.

Artículo 100.º Corresponde al Congreso, sin participación de la Comisión permanente, suspender o no al funcionario acusado o inhabilitarlo para el ejercicio de la función pública hasta por diez años, o destituirlo de su función sin perjuicio de cualquiera otra responsabilidad.

El acusado tiene derecho, en este trámite, a la defensa por sí mismo y con asistencia de abogado ante la Comisión Permanente y ante el Pleno del Congreso.

En caso de resolución acusatoria de contenido penal, el Fiscal de la Nación formula denuncia ante la Corte Suprema en el plazo de cinco días. El Vocal Supremo Penal abre la instrucción correspondiente.

La sentencia absolutoria de la Corte Suprema devuelve al acusado sus derechos políticos.

Los términos de la denuncia fiscal y del auto apertorio de instrucción no pueden exceder ni reducir los términos de la acusación del Congreso.

Artículo 101.º Los miembros de la Comisión Permanente del Congreso son elegidos por éste. Su número tiende a ser proporcional al de los representantes de cada grupo parlamentario y no excede del veinticinco por ciento del número total de congresistas.

Son atribuciones de la Comisión Permanente:

1. Designar al Contralor General, a propuesta del Presidente de la República.

2. Ratificar la designación del Presidente del Banco Central de Reserva y del Superintendente de Banca y Seguros.

3. Aprobar los créditos suplementarios y las transferencias y habilitaciones del Presupuesto, durante el receso parlamentario.

4. Ejercitar la delegación de facultades legislativas que el Congreso le otorgue. No pueden delegarse a la Comisión Permanente materias relativas a reforma constitucional, ni a la aprobación de tratados internacionales, leyes orgánicas, Ley de Presupuesto y Ley de la Cuenta General de la República.

5. Las demás que le asigna la Constitución y las que le señala el Reglamento del Congreso.

Artículo 102.º Son atribuciones del Congreso:

1. Dar leyes y resoluciones legislativas, así como interpretar, modificar o derogar las existentes.

2. Velar por el respeto de la Constitución y de las leyes, y disponer lo conveniente para hacer efectiva la responsabilidad de los infractores.

3. Aprobar los tratados, de conformidad con al Constitución.

4. Aprobar el Presupuesto y la Cuenta General.

5. Autorizar empréstitos, conforme a la Constitución.

6. Ejercer el derecho de amnistía.

7. Aprobar la demarcación territorial que proponga el Poder Ejecutivo.

8. Prestar consentimiento para el ingreso de tropas extranjeras en el territorio de la República, siempre que no afecte, en forma alguna, la soberanía nacional.

9. Autorizar al Presidente de la República para salir del país.

10. Ejercer las demás atribuciones que la señala la Constitución y las que son propias de las función legislativa.

Capítulo II. De la función legislativa

Artículo 103.° Pueden expedirse leyes especiales porque así lo exige la naturaleza de las cosas, pero no por razón de la diferencia de personas.

Ninguna ley tiene fuerza ni efecto retroactivos, salvo en materia penal, cuando favorece al reo.

La ley se deroga solo por otra ley. También queda sin efecto por sentencia que declara su inconstitucionalidad.

La Constitución no ampara el abuso del derecho.

Artículo 104.° El Congreso puede delegar en el Poder Ejecutivo la facultad de legislar, mediante decretos legislativos, sobre la materia específica y por el plazo determinado establecidos en la ley autoritativa.

No pueden delegarse las materias que son indelegables a la Comisión Permanente.

Los decretos legislativos están sometidos, en cuanto a su promulgación, publicación, vigencia y efectos, a las mismas normas que rigen para la ley.

El Presidente de la República da cuenta al Congreso o a la Comisión Permanente de cada decreto legislativo.

Artículo 105.° Ningún proyecto de ley puede sancionarse sin haber sido previamente aprobado por la respectiva Comisión dictaminadora, salvo excepción señalada en el Reglamento del Congreso. Tienen preferencia del Congreso los proyectos enviados por el Poder Ejecutivo con carácter de urgencia.

Artículo 106.º Mediante leyes orgánicas se regulan la estructura y el funcionamiento de las entidades del Estado previstas en la Constitución, así como también las otras materias cuya regulación por ley orgánica está establecida en la Constitución.

Los proyectos de ley orgánica se tramitan como cualquiera otra ley. Para su aprobación o modificación, se requiere el voto de más de la mitad del número legal de miembros del Congreso.

Capítulo III. De la formación y promulgación
de las leyes
Artículo 107.º El Presidente de la República y los congresistas tienen derecho de iniciativa en la formación de las leyes.

También tienen el mismo derecho en las materias que les con propias los otros poderes del Estado, las instituciones públicas autónomas, los municipios y los colegios profesionales. Asimismo lo tienen los ciudadanos que ejercen el derecho de iniciativa conforme a ley.

Artículo 108.º La ley aprobada según lo previsto por la Constitución, se envía al Presidente de la República para su promulgación dentro de un plazo de quince días. En caso de no promulgación por el Presidente de la República, la promulga el Presidente del Congreso, o el de la Comisión Permanente, según corresponda.

Si el Presidente de la república tiene observaciones que hacer sobre el todo o una parte de la ley aprobada por el Congreso, las presenta a éste en el mencionado término de quince días.

Reconsiderada la ley por el Congreso, su Presidente la promulga, con el voto de más de la mitad del número legal de miembros del Congreso.

Artículo 109.º La ley es obligatoria desde el día siguiente de su publicación en el diario oficial, salvo disposición contraria de la misma ley que posterga su vigencia en todo o en parte.

Capítulo IV. Poder Ejecutivo
Artículo 110.º El Presidente de la República es el Jefe del Estado y personifica a la Nación.

Para ser elegido Presidente de la República se requiere ser peruano por nacimiento, tener más de treinta y cinco años de edad al momento de la postulación y gozar del derecho de sufragio.

Artículo 111.º El Presidente de la República se elige por sufragio directo. Es elegido el candidato que obtiene más la mitad de los votos. Los votos viciados o en blanco no se computan.

Si ninguno de los candidatos obtiene la mayoría absoluta, se procede a una segunda elección, dentro de los treinta días siguientes a la proclamación de los cómputos oficiales, entre los candidatos que han obtenido las dos más altas mayorías relativas.

Junto con el Presidente de la República son elegidos, de la misma manera, con los mismos requisitos y por igual término, dos vicepresidentes.

Artículo 112.º El mandato presidencial es de cinco años. El Presidente puede ser reelegido de inmediato para un período adicional. Transcurrido otro período constitucional, como mínimo, el ex-presidente puede volver a postular, sujeto a las mismas condiciones.

Artículo 113.º La Presidencia de la República vaca por:

1. La muerte del Presidente de la República.
2. Su permanente incapacidad moral o física, declarada por el Congreso.
3. Aceptación de su renuncia por el Congreso.
4. Salir del territorio nacional sin permiso del Congreso o no regresar a él dentro del plazo fijado. Y
5. Destitución, tras haber sido sancionado por alguna de las infracciones mencionadas en el Artículo 117 de la Constitución.

Artículo 114.º El ejercicio de la Presidencia de la República se suspende por:

1. Incapacidad temporal del Presidente, declarada por el Congreso, o
2. Hallarse éste sometido a proceso judicial, conforme al Artículo 117 de la Constitución.

Artículo 115.º Por impedimento temporal o permanente del Presidente de la República, asume sus funciones el Primer Vicepresidente. En defecto de éste, el Segundo Vicepresidente. Por impedimento de ambos, el Presidente del Congreso convoca de inmediato a elecciones.

Cuando el Presidente del Congreso. Si el impedimento es permanente, el Presidente del Congreso convoca de inmediato a elecciones.

Cuando el Presidente de la República sale territorio nacional, el Primer Vicepresidente se encarga del despacho. En su defecto, lo hace el Segundo Vicepresidente.

Artículo 116.º El Presidente de la República presta juramento de ley y asume el cargo, ante el Congreso, el 28.º de julio del año en que se realiza la elección.

Artículo 117.º El Presidente de la República solo puede ser acusado, durante su período, por traición a la patria; por impedir las elecciones presidenciales, parlamentarias, regionales o municipales; por disolver el Congreso, salvo en los casos previstos en el Artículo 134 de la Constitución, y por impedir su reunión o funcionamiento, o los del Jurado Nacional de Elecciones y otros organismos del sistema electoral.

Artículo 118.º Corresponde al Presidente de la República:

1. Cumplir y hacer cumplir la Constitución y los tratados, leyes y demás disposiciones legales.
2. Representar al Estado, dentro y fuera de la República.
3. Dirigir la política general del Gobierno.

4. Velar por el orden interno y la seguridad exterior de la República.

5. Convocar a elecciones para el Presidente y para representantes a Congreso, así como para alcaldes y regidores y demás funcionarios que señala la ley.

6. Convocar al Congreso a legislatura extraordinaria; y firmar, en ese caso, el decreto de convocatoria.

7. Dirigir mensajes al Congreso en cualquier época y obligatoriamente, en forma personal y por escrito, al instalarse la primera legislatura ordinaria anual. Los mensajes anuales contienen la exposición detallada de la situación de la República y las mejoras y reformas que el Presidente juzgue necesarias y convenientes para su consideración por el Congreso. Los mensajes del Presidente de la República, salvo el primero de ellos, son aprobados por el Consejo de Ministros.

8. Ejercer la potestad de reglamentar las leyes sin transgredirlas ni desnaturalizarlas; y, dentro de tales límites, dictar decretos y resoluciones.

9. Cumplir y hacer cumplir las sentencias y resoluciones de los órganos jurisdiccionales.

10. Cumplir y hacer cumplir las resoluciones del Jurado Nacional de Elecciones.

11. Dirigir la política exterior y las resoluciones internacionales; celebrar y ratificar tratados.

12. Nombrar embajadores y ministros plenipotenciarios, con aprobación del Consejo de Ministros, con cargo de dar cuenta al Congreso.

13. Recibir a los agentes diplomáticos extranjeros, y autorizar a los cónsules el ejercicio de sus funciones.

14. Presidir el Sistema de Defensa Nacional; y organizar, distribuir y disponer el empleo de las Fuerzas Armadas y de la Policía Nacional.

15. Adoptar las medidas necesarias para la defensa de la República, de la integridad del territorio y de la soberanía del Estado.

16. Declarar la guerra y firmar la paz, con autorización del Congreso.

17. Administrar la hacienda pública.

18. Negociar los empréstitos.

19. Dictar medidas extraordinarias, mediante decretos de urgencia con fuerza de ley, en materia económica y financiera, cuando así lo requiere el interés nacional y con cargo de dar cuenta al Congreso. El Congreso puede modificar o derogar los referidos decretos de urgencia.

20. Regular las tarifas arancelarias.

21. Conceder indultos y conmutar penas. Ejercer el derecho de gracia en beneficio de los procesados en los casos en que la etapa de instrucción haya excedido el doble de su plazo más su ampliatoria.

22. Conferir condecoraciones en nombre de la Nación, con acuerdo del Consejo de Ministros.

23. Autorizar a los peruanos para servir en un ejército extranjero. Y

24. Ejercer las demás funciones de gobierno y administración que la Constitución y las leyes le encomiendan.

Capítulo V. Del Consejo de Ministros

Artículo 119.º La dirección y la gestión de los servicios públicos están confiadas al Consejo de Ministros, y a cada ministro en los asuntos que competen a la cartera a su cargo.

Artículo 120.º Son nulos los actos del Presidente de la República que carecen de refrendación ministerial.

Artículo 121.° Los ministros, reunidos, forman el Consejo de Ministros. La ley determina su organización y funciones.

El Consejo de Ministros tiene su Presidente. Corresponde al Presidente de la República presidir el Consejo de Ministros cuando lo convoca o cuando asiste a sus sesiones.

Artículo 122.° El Presidente de la República nombra y remueve al Presidente del Consejo. Nombra y remueve a los demás ministros, a propuesta y con acuerdo, respectivamente, del Presidente del Consejo.

Artículo 123.° Al Presidente del Consejo de Ministros, quien puede ser ministro sin cartera, le corresponde:

1. Ser, después del Presidente de la República, el portavoz autorizado del gobierno.
2. Coordinar las funciones de los demás ministros.
3. Refrendar los decretos legislativos, los decretos de urgencia y los demás decretos y resoluciones que señalen la Constitución y la ley.

Artículo 124.° Para ser ministro de Estado, se requiere ser peruano por nacimiento, ciudadano en ejercicio y haber y haber cumplido veinticinco años de edad. Los miembros de las Fuerzas Armadas y de la Policía Nacional pueden ser ministros.

Artículo 125.° Son atribuciones del Consejo de Ministros:

1. Aprobar los proyectos de ley que el Presidente de la República somete al Congreso.

2. Aprobar los decretos legislativos y los decretos de urgencia que dicta el Presidente de la República, así como los proyectos de ley y los decretos y resoluciones que dispone la ley.

3. Deliberar sobre asuntos de interés público. Y

4. Las demás que le otorgan la Constitución y la ley.

Artículo 126.º Todo acuerdo del Consejo de Ministros requiere el voto aprobatorio de la mayoría de sus miembros, y consta en acta.

Los ministros no pueden ejercer otra función pública, excepto la legislativa.

Los ministros no pueden ser gestores de intereses propios o de terceros ni ejercer actividad lucrativa, ni intervenir en la dirección o gestión de empresas ni asociaciones privadas.

Artículo 127.º No hay ministros interinos. El Presidente de la República puede encomendar a un ministro que, con retención de su cartera, se encargue de otra por impedimento del que la sirve, sin que este encargo pueda prolongarse por más de treinta días ni transmitirse a otros ministros.

Artículo 128.º Los ministros son individualmente responsables por sus propios actos y por los actos presidenciales que refrendan.

Todos los ministros son solidariamente responsables por los actos delictivos o violatorios de la Constitución o de las leyes en que incurra el Presidente de la República o que se acuerden en Consejo, aunque salven su voto, a no ser que renuncien inmediatamente.

Artículo 129.º El Consejo de Ministros en pleno o los ministros por separado pueden concurrir a las sesiones del Congreso y participar en sus debates con las mismas prerrogativas que los parlamentarios, salvo la de votar si no son congresistas.
Concurren también cuando son invitados para informar.

El Presidente del Consejo o uno, por lo menos, de los ministros concurre periódicamente a las sesiones plenarias del Congreso para la estación de preguntas.

Capítulo VI. De las relaciones con el Poder
Legislativo
Artículo 130.º Dentro de los treinta días de haber asumido sus funciones, el Presidente del Consejo concurre al Congreso, en compañía de los demás ministros, para exponer y debatir la política general del gobierno y las principales medidas que requiere su gestión. Plantea al efecto cuestión de confianza.

Si el Congreso no está reunido, el Presidente de la República convoca a legislatura extraordinaria.

Artículo 131.º Es obligatoria la concurrencia del Consejo de Ministros, o de cualquiera de los ministros, cuando el Congreso los llama para interpelarlos.

La interpelación se formula por escrito. Debe ser presentada por no menos del quince por ciento del número legal de congresistas. Para su admiración se requiere el voto del tercio del número legal de congresistas. Para su admisión, se requiere el voto del tercio del número de representantes hábiles; la votación se efectúa indefectiblemente en la siguiente sesión.

El Congreso señala día y hora para que los ministros contestan la interpelación. Esta no puede realizarse ni votarse antes del tercer día de su admisión ni después del décimo.

Artículo 132.° El Congreso hace efectiva la responsabilidad política del Consejo de Ministros, o de los ministros por separado, mediante el voto de censura o el rechazo de la cuestión de confianza. Esta última solo se plantea por iniciativa ministerial.

Toda moción de censura contra el Consejo de Ministros, o contra cualquiera de los ministros, debe ser presentada por no menos del veinticinco por ciento del número legal de congresistas. Se debate y vota entre el cuarto y el décimo día natural después de su presentación. Su aprobación requiere del voto de más de la mitad del número legal de miembros del Congreso.

El Consejo de Ministros, o el ministerio censurado, debe renunciar.

El Presidente de la República acepta la dimensión dentro de las setenta y dos horas siguientes.

La desaprobación de una iniciativa ministerial no obliga al ministro a dimitir, salvo que haya hecho cuestión de confianza de la aprobación.

Artículo 133.° El Presidente del Consejo de Ministros puede plantear ante el Congreso una cuestión de confianza a nombre del Consejo. Si la confianza le es rehusada, o si es censurado, o si renuncia o es removido por el Presidente de la República, se produce la crisis total de gabinete.

Artículo 134.° El Presidente de la República está facultado para disolver el Congreso si éste ha censurado o negado su confianza a dos Consejos de Ministros.

El decreto de disolución contiene la convocatoria a elecciones para un nuevo Congreso. Dichas elecciones se realizan dentro los cuatro meses de la fecha de disolución, sin que pueda alterarse el sistema electoral preexistente.

No puede disolverse el Congreso en el último año de su mandato. Disuelto el Congreso, se mantiene en funciones la Comisión Permanente, la cual no puede ser disuelta.

No hay otras formas de revocatoria del mandato parlamentario.

Bajo estado de sitio, el Congreso no puede ser disuelto.

Artículo 135.° Reunido el nuevo Congreso, puede censurar al Consejo de Ministros, o negarle la cuestión de confianza, después de que el Presidente del Consejo haya expuesto ante el Congreso los actos del Poder Ejecutivo durante el interregno parlamentario.

En ese interregno, el Poder Ejecutivo legisla mediante decretos de urgencia, de los que da cuenta a la Comisión Permanente para que los examine y los eleve al Congreso, una vez que se instale.

Artículo 136.° Si las elecciones no se efectúan dentro del plazo señalado, el Congreso disuelto se reúne de pleno derecho, recobra sus facultades, y destituye al Consejo de Ministros. Ninguno de los miembros de éste puede ser nombrado nuevamente ministro durante el resto del período presidencial.

El Congreso extraordinario así elegido sustituye al anterior, incluida la Comisión Permanente, y completa el período constitucional del Congreso disuelto.

Capítulo VII. Régimen de excepción
Artículo 137.° El Presidente de la República, con acuerdo del Consejo de Ministros, puede declarar, por plazo determinado, en todo el territorio nacional, o en parte de él, y dando cuenta al Congreso o a la Comisión Permanente, los estados de excepción que en este Artículo se contemplan:

1. Estado de emergencia, en caso de perturbación de la paz o del orden interno, de catástrofe o de graves circunstancias que afectan la vida de la Nación. En esta eventualidad, puede restringirse o suspenderse el ejercicio de los derechos constitucionales relativos a la libertad y la seguridad personales, la inviolabilidad del domicilio, y la libertad de reunión y de tránsito en el territorio comprendidos en los incisos 9, 11 y 12 del Artículo 2.° y en el inciso 24, apartado del mismo Artículo. En ninguna circunstancia se puede desterrar a nadie.

El plazo del estado de emergencia no excede de sesenta días. Su prórroga requiere nuevo decreto. En estado de emergencia las Fuerzas Armadas asumen el control del orden interno si así lo dispone el Presidente de la República.

2. Estado de sitio, en caso de invasión, guerra exterior, guerra civil, o peligro inminente de que se produzcan, con mención de los derechos fundamentales cuyo ejercicio no se restringe o suspende. El plazo correspondiente no excede de cuarenta y cinco días. Al decretarse el estado de sitio, el Congreso se reúne de pleno derecho. La prórroga requiere aprobación del Congreso.

Capítulo VIII. Poder Judicial

Artículo 138.º La potestad de administrar justicia emana del pueblo y se ejerce por el Poder Judicial a través de sus órganos jerárquicos con arreglo a la Constitución y a las leyes.

En todo proceso, de existir incompatibilidad entre una norma constitucional y una norma legal, los jueces prefieren la primera. Igualmente, prefieren la norma legal sobre toda otra norma de rango inferior.

Artículo 139.º Son principios y derechos de la función jurisdiccional:

1. La unidad y exclusividad de la función jurisdiccional. No existe ni puede establecerse jurisdicción alguna independiente, con excepción de la militar y la arbitral.

No hay proceso judicial por comisión o delegación.

2. La independencia en el ejercicio de la función jurisdiccional.

Ninguna autoridad puede avocarse a causas pendientes ante el órgano jurisdiccional ni interferir en el ejercicio de sus funciones. Tampoco puede dejar sin efecto resoluciones que han pasado en autoridad de cosa juzgada, ni cortar procedimientos en trámite, ni modificar sentencias ni retardar su ejecución. Estas disposiciones no afectan el derecho de gracia ni la facultad de investigación del Congreso, cuyo ejercicio no debe, sin embargo, interferir en el procedimiento jurisdiccional ni surte efecto jurisdiccional alguno.

3. La observación del debido proceso y la tutela jurisdiccional.

Ninguna persona puede ser desviada de la jurisdicción predeterminada por la ley, ni sometida a procedimiento distinto de los previamente establecidos, ni juzgada por órganos jurisdiccionales de excepción ni por comisiones especiales creadas al efecto, cualquiera sea su denominación.

4. La publicidad en los procesos, salvo disposición contraria de la ley.

Los procesos judiciales por responsabilidad de funcionarios públicos, y por los delitos cometidos por medio de la prensa y los que se refieren a derechos fundamentales garantizados por la Constitución, son siempre públicos.

5. La motivación escrita de las resoluciones judiciales en todas las instancias, excepto los decretos de mero trámite, con mención expresa de la ley aplicable y de los fundamentales garantizados por la Constitución, son siempre públicos.

6. La pluralidad de la instancia.

7. La indemnización, en la forma que determine la ley, por los errores judiciales en los procesos penales y por las detenciones arbitrarias, sin perjuicio de la responsabilidad a que hubiere lugar.

8. El principio de no dejar de administrar justicia por vacío o deficiencia de la ley.

En tal caso, deben aplicarse los principios generales del derecho y el derecho consuetudinario.

9. El principio de inaplicabilidad por analogía de la ley penal y de las normas que restrinjan derechos.

10. El principio de no ser penado sin proceso judicial.

11. La aplicación de la ley más favorable al procesado en caso de duda o de conflicto entre leyes penales.

12. El principio de no ser condenado en ausencia.

13. La prohibición de revivir procesos fenecidos con resolución ejecutoria. La amnistía, el indulto, el sobreseimiento definitivo y la prescripción producen los efectos de cosa juzgada.

14. El principio de no ser privado del derecho de defensa en ningún estado del proceso. Toda persona será informada inmediatamente y por escrito de la causa o las razones de su detención. Tiene derecho a comunicarse personalmente con un defensor de su elección y a ser asesorada por éste desde que es citada o detenida por cualquier autoridad.

15. El principio de que toda persona debe ser informada, inmediatamente y por escrito, de las causas y razones de su detención.

16. El principio de la gratuidad de la administración de justicia y de la defensa gratuita para las personas de escasos recursos; y, para todos, en los casos que la ley señala.

17. La participación popular en el nombramiento y en la renovación de magistrados, conforme a ley.

18. La obligación del Poder Ejecutivo de prestar la colaboración que en los procesos le sea requerida.

19. La prohibición de ejercer función judicial por quien no ha sido nombrado en la forma prevista por la Constitución

o la ley. Los órganos jurisdiccionales no pueden darle posesión del cargo, bajo responsabilidad.

20. El principio del derecho de toda persona de formular análisis y críticas de las resoluciones y sentencias judiciales, con las limitaciones de ley.

21. El derecho de los reclusos y sentenciados de ocupar establecimientos adecuados.

22. El principio de que el régimen penitenciario tiene por objeto la reeducación, rehabilitación y reincorporación del penado a la sociedad.

Artículo 140.º La pena de muerte solo puede aplicarse por el delito de traición a la patria en caso de guerra, y el del terrorismo, conforme a los leyes y a los tratados de los que el Perú es parte obligada.

Artículo 141.º Corresponde a la Corte Suprema fallar en casación, o en última instancia, cuando la acción se inicia en una Corte Superior o ante la propia Corte Suprema conforme a ley. Asimismo, conoce en casación las resoluciones del Fuero Militar, con las limitaciones que establece el Artículo 173.

Artículo 142.º No son revisables en sede judicial las resoluciones del Jurado Nacional de Elecciones en materia electoral, ni las del Consejo Nacional de la Magistratura en materia de evaluación y ratificación de jueces.

Artículo 143.º El Poder Judicial está integrado por órganos jurisdiccionales que administran justicia en nombre de la Nación, y por órganos que ejercen su gobierno y administración.

Los órganos son: la Corte Suprema de Justicia y las demás cortes y juzgados que determine su ley orgánica.

Artículo 144.º El Presidente de la Corte Suprema lo es también del Poder Judicial. La Sala Plena de la Corte Suprema es el órgano máximo de deliberación del Poder Judicial.

Artículo 145.º El Poder Judicial presenta su proyecto de presupuesto al Poder Ejecutivo y lo sustenta ante el Congreso.

Artículo 146.º La función jurisdiccional es incompatible con cualquiera otra actividad pública o privada, con excepción de la docencia universitaria fuera del horario de trabajo.

Los jueces solo perciben las remuneraciones que les asigna el Presupuesto y las provenientes de la enseñanza o de otras tareas expresamente previstas por la ley.

El Estado garantiza a los magistrados judiciales:

1. Su independencia. Solo están sometidos a la Constitución y la ley.
2. La inamovilidad en sus cargos. No pueden ser trasladados sin su consentimiento.
3. Su permanencia en el servicio, mientras observen conducta e idoneidad propias de su función. Y,
4. Una remuneración que les asegure un nivel ida digno de su misión y jerarquía.

Artículo 147.º Para ser Magistrado de la Corte Suprema se requiere:

1. Ser peruano de nacimiento;
2. Ser ciudadano en ejercicio,
3. Ser mayor de cuarenta y cinco años.
4. Haber sido magistrado de la Corte Superior o Fiscal Superior durante diez años, o haber ejercido abogacía o la cátedra universitaria en materia jurídica durante quince años.

Artículo 148.º Las resoluciones administrativas que causan estado son susceptibles de impugnación mediante la acción contencioso-administrativa.

Artículo 149.º Las autoridades de las Comunidades Campesinas y Nativas, con el apoyo de las Rondas Campesinas, pueden ejercer las funciones jurisdiccionales dentro de su ámbito territorial de conformidad con el derecho consuetudinario, siempre que no violen de conformidad son el derecho consuetudinario, siempre que no violen los derechos fundamentales de la persona. La ley establece las formas de coordinación de dicha jurisdicción especial con los Juzgados de Paz y con las demás instancias del Poder Judicial.

Capítulo IX. Del Consejo Nacional
de la Magistratura
Artículo 150.º El Consejo Nacional de la Magistratura se encarga de la selección y el nombramiento de los jueces y fiscales, salvo cuando éstos provengan de elección popular.

El Consejo Nacional de la Magistratura es independiente y se rige por su Ley Orgánica.

Artículo 151.º La Academia de la Magistratura, que forma parte del Poder Judicial, se encarga de la formación y capacitación de jueces y fiscales en todos sus niveles, para los efectos de su selección,

Es requisito para el ascenso la aprobación de los estudios especiales que requiera dicha Academia.

Artículo 152.º Los Jueces de Paz provienen de elección popular.

Dicha elección, sus requisitos, el desempeño jurisdiccional, la capacitación y la duración en sus cargos son normados por ley.

La ley puede establecer la elección de los jueces de primera instancia y determinar los mecanismos pertinentes.

Artículo 153.º Los jueces y fiscales están prohibidos de participar en política, de sindicarse y de declararse en huelga.

Artículo 154.º Son funciones del Consejo Nacional de la Magistratura:

1. Nombrar, previo concurso público de méritos y evaluación personal, a los jueces y fiscales de todos niveles. Dichos nombramientos requieren el voto conforme de los dos tercios del número legal de sus miembros.
2. Ratificar a los jueces y fiscales de todos los niveles cada siete años. Los no ratificados no pueden reingresar al Poder Judicial ni al Ministerio Público. El proceso de ratificación es independiente de las medidas disciplinarias.

3. Aplicar la sanción de destitución a los vocales de la Corte Suprema y Fiscales Supremos y, a solicitud de la Corte Suprema o de la Junta de Fiscales Supremos, respectivamente, a los jueces y fiscales de todas las instancias. La resolución final, motivada y con previa audiencia del interesado, es impugnable.

4. Extender a los jueces y fiscales el título oficial que los acredita.

Artículo 155.º Son miembros del Consejo Nacional de la Magistratura, conforme a la ley de la materia;

1. Uno elegido por la Corte Suprema, en votación secreta en Sala Plena.

2. Uno elegido por los miembros de los Colegios de Abogados del país, en votación secreta.

3. Uno elegido por los miembros de los Colegios de Abogados del país, en votación secreta.

4. Dos elegidos, en votación secreta, por los miembros de los demás Colegios Profesionales del país, conforme a ley.

5. Uno elegido en votación secreta, por los rectores de las universidades nacionales.

6. Uno elegido, en votación secreta, por los rectores de las universidades particulares.

El número de miembros del Consejo Nacional de la Magistratura puede ser ampliado por éste a nueve, con dos miembros adicionales elegidos en votación secreta por el mismo Consejo, entre sendas listas propuestas por las instituciones representativas del sector laboral y del empresarial.

Los miembros titulares del Consejo Nacional de la Magistratura son elegidos, conjuntamente con los suplentes, por un período de cinco años.

Artículo 156.° Para ser miembro del Consejo Nacional de la Magistratura se requieren los mismos requisitos que para ser Vocal de la Corte Suprema, salvo lo previsto en el inciso 4 del Artículo 147. El miembro del Consejo Nacional de la Magistratura goza de los mismos beneficios y derechos y está sujeto a las mismas obligaciones e incompatibilidades.

Artículo 157.° Los miembros del Consejo Nacional de la Magistratura pueden ser removidos por causa grave mediante acuerdo del Congreso adoptado con el voto conforme de los dos tercios del número legal de miembros.

Capítulo X. Del Ministerio Público

Artículo 158.° El Ministerio Público es autónomo. El Fiscal de la Nación lo preside. Es elegido por la Junta de Fiscales Supremos. El cargo de Fiscal de la Nación durante tres años, y es prorrogable, por reelección, solo por otros dos. Los miembros del Ministerio Público tienen los mismos derechos y prerrogativas y están sujetos a las mismas obligaciones que los del Poder Judicial en la categoría respectiva. Les afectan las mismas incompatibilidades. Su nombramiento está sujeto a requisitos y procedimientos idénticos a los de los miembros Poder Judicial en su respectiva categoría.

Artículo 159.° Corresponde al Ministerio Público:

1. Promover de oficio, o a petición de parte, la acción judicial en defensa de la legalidad y de los intereses públicos tutelados por el derecho.

2. Velar por la independencia de los órganos jurisdiccionales y por la recta administración de justicia.

3. Representar en los procesos judiciales a la sociedad.

4. Conducir desde su inicio la investigación del delito. Con tal propósito, la Policía Nacional está obligada a cumplir los mandatos del Ministerio Público en el ámbito de su función.

5. Ejercitar la acción penal de oficio o a petición de parte.

6. Emitir dictamen previo a las resoluciones judiciales en los casos que la ley contempla.

7. Ejercer iniciativa en la formación de las leyes; y dar cuenta al Congreso, o al Presidente de la República, de los vacíos o defectos de la legislación.

Artículo 160.º El proyecto de presupuesto del Ministerio Público se apruebe por la Junta de Fiscales Supremos. Se presenta ante el Poder Ejecutivo y se sustenta en esa instancia y en el Congreso.

Capítulo XI. De la Defensoría del Pueblo
Artículo 161.º La Defensoría del Pueblo es autónoma. Los órganos públicos están obligados a colaborar con la Defensoría del Pueblo cuando ésta lo requiere.

Su estructura, en el ámbito nacional, se establece por ley orgánica.

El Defensor del Pueblo es elegido y removido por el Congreso con el voto de dos tercios de su número legal. Goza de la misma inmunidad y de las mismas prerrogativas de los congresistas.

Para ser elegido Defensor del Pueblo se requiere haber cumplido treinta y cinco años de edad y ser abogado.

El cargo dura cinco años y no está sujeto a mandato imperativo. Tiene las mismas incompatibilidades que los vocales supremos.

Artículo 162.º Corresponde a la Defensoría del Pueblo defender los derechos constitucionales y fundamentales de la persona y de la comunidad; y supervisar el cumplimiento de los deberes de la administración estatal y la presentación de los servicios públicos a la ciudadanía.

El Defensor del Pueblo presenta informe al Congreso una vez al año, y cada vez que éste lo solicita. Tiene iniciativa en la formación de las leyes. Puede proponer las medidas que faciliten el mejor cumplimiento de sus funciones.

El proyecto de presupuesto de la Defensoría del Pueblo es presentado ante el Poder Ejecutivo y sustentado por su titular en esa instancia y en el Congreso.

Capítulo XII. De la seguridad y de la Defensa Nacional
Artículo 163.º El Estado garantiza la seguridad de la Nación mediante el Sistema de Defensa Nacional.

La Defensa Nacional es integral y permanente. Se desarrolla en los ámbitos interno y externo. Toda persona, natural o jurídica, está obligada a participar en Defensa Nacional, de conformidad con la ley.

Artículo 164.º La dirección, la preparación y el ejercicio de la Defensa Nacional se realizan a través de un sistema suya organización y suyas funciones determina la ley. El Presidente de la República dirige el Sistema de Defensa Nacional.

La ley determina los alcances y procedimientos de la movilización para los efectos de la defensa nacional.

Artículo 165.º Las Fuerzas Armadas están constituidas por el Ejército, la Marina de guerra y la Fuerza Aérea. Tienen como finalidad primordial garantizar la independencia, la soberanía y la integridad territorial de la República. Asumen el control del orden interno de conformidad con el Artículo 137 de la Constitución.

Artículo 166.º La Policía Nacional tiene por finalidad fundamental garantizar, mantener y restablecer el orden interno. Presta protección y ayuda a las personas y a la comunidad. Garantiza el cumplimiento de las leyes y la seguridad del patrimonio público y del privado. Previene, investiga y combate la delincuencia. Vigila y controla las fronteras.

Artículo 167.º El Presidente de la República es el Jefe Supremo de las Fuerzas Armadas y de la Policía Nacional.

Artículo 168.º Las leyes y los reglamentos respectivos determinan la organización, las funciones, las especialidades, la preparación y el empleo; y norman la disciplina de las Fuerzas Armadas y de la Policía Nacional.

Las Fuerzas Armadas organizan sus reservas y disponen de ellas según las necesidades de la Defensa Nacional, de acuerdo a ley.

Artículo 169.° Las Fuerzas Armadas y la Policía Nacional no son deliberantes. Están subordinadas al poder constitucional.

Artículo 170.° La ley asigna los fondos destinados a satisfacer los requerimientos logísticos de las Fuerzas Armadas y de la Policía Nacional. Tales fondos deben ser dedicados exclusivamente a fines institucionales, bajo el control de la autoridad señalada por la ley.

Artículo 171.° Las Fuerzas Armadas y la Policía Nacional participan en el desarrollo económico y social del país, y en la defensa civil de acuerdo a ley.

Artículo 172.° El número de efectivos de las Fuerzas Armadas y de la Policía Nacional se fija anualmente por el Poder Ejecutivo. Los recursos correspondientes son aprobados en la Ley de Presupuesto.

Los ascensos se confieren de conformidad con la ley. El Presidente de la república otorga los ascensos de los generales y almirantes de las Fuerzas Armadas y de los generales de la Policía Nacional, según propuesta del instituto correspondiente.

Artículo 173.° En caso de delito de función, los miembros de las Fuerzas Armadas y de la Policía Nacional están sometidas al fuero respectivo y al Código de Justicia Militar. Las disposiciones de éste no son aplicables a los civiles, salvo en el caso de delitos de traición a la patria de terrorismo que la ley determina. Las casación a que se refiere el Artículo 141 solo es aplicable cuando se imponga a la pena de muerte.

Quienes infringen las normas del Servicio Militar Obligatorio están asimismo sometidos al Código de Justicia Militar.

Artículo 174.º Los grados y honores, las remuneraciones y las pensiones inherentes a la jerarquía de oficiales de las Fuerzas Armadas y de la Policía Nacional son equivalentes. La ley establece las equivalencias correspondientes al personal militar o policial de carrera que no tiene grado o jerarquía de oficial.

En ambos casos, los derechos indicados solo pueden retirarse a sus titulares por sentencia judicial.

Artículo 175.º Solo las Fuerzas Armadas y la Policía Nacional pueden poseer y usar armas de guerra. Todas las que existen, así como las que se fabriquen o se introduzcan en el país pasan a ser propiedad del Estado sin proceso ni indemnización.

Se exceptúa la fabricación de armas de guerra por la industria privada en los casos que la ley señale.

La ley reglamenta la fabricación, el comercio, la posesión y el uso, por los particulares, de armas distintas de las de guerra.

Capítulo XIII. Del sistema electoral
Artículo 176.º El sistema electoral tiene por finalidad asegurar que las votaciones traduzcan la expresión auténtica, libre

y espontánea de los ciudadanos; y que los escrutinios sean reflejo exacto y oportuno de la voluntad del elector expresada en las urnas por votación directa.

Tiene por funciones básicas el planeamiento, la organización y la ejecución de los procesos electorales o de referéndum u otras consultas populares; el mantenimiento y la custodia de un registro único de identificación de las personas; el registro de los actos que modifican el estado civil.

Artículo 177.º El sistema electoral está conformado por el Jurado Nacional de Elecciones; la Oficina Nacional de Procesos Electorales; y el Registro Nacional de Identificación y Estado Civil. Actúan con autonomía y mantienen entre sí relaciones de coordinación, de acuerdo con sus atribuciones.

Artículo 178.º Compete al Jurado Nacional de Elecciones:

1. Fiscalizar la legalidad del ejercicio del sufragio y de la realización de los procesos electorales, del referéndum y de otras consultas populares, así como también la elaboración de los padrones políticas.
2. Mantener y custodiar el registro de organizaciones políticas.
3. Velar por el cumplimiento de las normas sobre organizaciones políticas y demás disposiciones referidas a materia electoral.
4. Administrar justicia en materia electoral.
5. Proclamar a los candidatos elegidos; el resultado del referéndum o el de otros tipos de consulta popular y expedir las credenciales correspondientes.
6. Las demás que la ley señala.

En materia electoral, el Jurado Nacional de Elecciones tiene iniciativa en la formulación de las leyes.

Presenta al Poder Ejecutivo el proyecto de Presupuesto del Sistema Electoral que incluye por separado las partidas propuestas por cada entidad del sistema. Lo sustenta en esa instancia y ante el Congreso.

Artículo 179.º La máxima autoridad del Jurado Nacional de Elecciones es un Pleno compuesto por cinco miembros:

1. Uno elegido en votación secreta por la Corte Suprema entre sus magistrados jubilados o en actividad. En este segundo caso, se concede licencia al elegido. El representante de la Corte Suprema preside el Jurado Nacional de Elecciones.

2. Uno elegido en votación secreta por el Junta de Fiscales Supremos, entre los Fiscales Supremos jubilados o en actividad. En este segundo caso, se concede licencia al elegido.

3. Uno elegido en votación secreta por el Congreso de Abogados de Lima, entre sus miembros.

4. Uno elegido en votación secreta por los decanos de las Facultades de Derecho de las universidades públicas, entre sus ex-decanos.

5. Uno elegido en votación secreta por los decanos de las Facultades de Derecho de las universidades privadas, entre sus ex-decanos.

Artículo 180.º Los integrantes del Pleno del Jurado Nacional de Elecciones no pueden ser menores de cuarenta y cinco años ni mayores de setenta. Son elegidos por un período de cuatro años. Pueden ser reelegidos. La ley establece la forma de renovación alternada cada dos años.

El cargo es remunerado y de tiempo completo. Es incompatible con cualquiera otra función otra función pública, excepto la docencia a tiempo parcial.

No pueden ser miembros del Pleno del Jurado los candidatos a cargos de elección popular, ni los ciudadanos que desempeñan cargos directivos con carácter nacional en las organizaciones políticas, o que los han desempeñado en los cuatro años anteriores a su postulación.

Artículo 181.º El Pleno del Jurado Nacional de Elecciones aprecia los hechos con criterio de conciencia. Resuelve con arreglo a ley y a los principios generales de derecho. En materias electorales, de referéndum o de otro tipo de consultas populares, sus resoluciones son dictadas en instancia final, definitiva y no son revisables. Contra ellas no procede recurso alguno.

Artículo 182.º El Jefe de la Oficina Nacional de Procesos Electorales es nombrado por el Consejo Nacional de la Magistratura por un período renovable de cuatro años. Puede ser removido por el propio Consejo por falta grave. Está afecto a las mismas incompatibilidades previstas para los integrantes del Pleno del Jurado Nacional de Elecciones.

Le corresponde organizar todos de consulta popular, incluido su prepuesto, así como la elaboración y el diseño de la cédula de sufragio. Le corresponde asimismo la entrega de actas y demás material necesario para los escrutinios y la difusión de sus resultados. Brinda información permanente sobre el cómputo desde el inicio del escrutinio de las mesas de sufragio. Ejerce las demás funciones que la ley le señala.

Artículo 183.º El Jefe del Registro Nacional de Identificación y Estado Civil es nombrado por el Consejo Nacional de la Magistratura por un período renovable de cuatro años. Puede ser removido por dicho Consejo por falta grave. Está afecto a las mismas incompatibilidades previstas para los integrantes del Pleno del Jurado Nacional de Elecciones.

El Registro Nacional de Identificación y Estado Civil tiene a su cargo la inscripción de los nacimientos, matrimonios, divorcios, defunciones, y otros actos que modifican el estado civil. Emite las constancias correspondientes. Prepara y mantiene actualizado el padrón electoral. Proporciona al Jurado Nacional de Elecciones y a la Oficina Nacional de Procesos Electorales la información necesaria para el cumplimiento de sus funciones. Mantiene el registro de identificación de los ciudadanos y emite los documentos que acreditan su identidad.

Ejerce las demás funciones que la ley señala.

Artículo 184.º El Jurado Nacional de Elecciones declara la nulidad de un proceso electoral, de un referéndum o de otro tipo de consulta popular cuando los votos nulos o en blanco, sumados o separadamente, superan los dos tercios del número de votos emitidos.

La ley puede establecer proporciones distintas para las elecciones municipales.

Artículo 185.º El escrutinio de los votos en toda clase de elecciones, de referéndum o de otro tipo de consulta popular se realiza en acto público e ininterrumpido sobre la mesa de sufragio. Solo es revisable en los casos de error material o de impugnación, los cuales se resuelven conforme a ley.

Artículo 186.º La Oficina Nacional de Procesos Electorales dicta las instrucciones y disposiciones necesarias para el mantenimiento del orden y la protección de la libertad personal durante los comicios. Estas disposiciones son de cumplimiento obligatorio para las Fuerzas Armadas y la Policía Nacional.

Artículo 187.º En las elecciones pluripersonales hay representación proporcional, conforme al sistema que establece la ley.

La ley contiene disposiciones especiales para facilitar el voto de los peruanos residentes en el extranjero.

Capítulo XIV. De la descentralización, las regiones
y las municipalidades

Artículo 188.º La descentralización es un proceso permanente que tiene como objetivo el desarrollo integral del país.

Artículo 189.º El territorio de la República se divide en regiones, departamentos, provincias y distritos, en cuyas circunscripciones se ejerce el gobierno unitario de manera descentralizada y desconcentrada.

Artículo 190.º Las Regiones se constituyen por iniciativa dato de las poblaciones pertenecientes a uno o más departamentos colindantes. Las provincias y los distritos contiguos pueden asimismo integrarse o cambiar de circunscripción.

En ambos casos procede el referéndum, conforme a ley.

Artículo 191.º Las municipalidades provinciales y distritales, y las delegaciones conforme a ley, son los órganos de gobierno local. Tienen autonomía política, económica y administrativa en los asuntos de su competencia.

Corresponden al Consejo las funciones normativas y fiscalizadoras; y a la alcaldía, las funciones ejecutivas.

Los alcaldes y regidores son elegidos por sufragio directo, por un período de cinco años. Pueden ser reelegidos. Su mandato es revocable pero irrenunciable. Gozan de las prerrogativas que señala la Ley.

Artículo 192.º Las municipalidades tienen competencia para:

1. Aprobar su organización interna y su presupuesto.
2. Administrar sus bienes y rentas.
3. Crear, modificar y suprimir contribuciones, tasas, arbitrios, licencias y derechos municipales.
4. Organizar, reglamentar y administrar los servicios públicos locales de su responsabilidad.
5. Planificar el desarrollo urbano y rural de sus circunscripciones, y ejecutar los planes y programas correspondientes.
6. Participar en la gestión de las actividades y servicios inherentes al Estado, conforme a ley, Y
7. Lo demás que determine la ley.

Artículo 193.º Son bienes y rentas de las municipalidades:

1. Los bienes e ingresos propios.
2. Los impuestos creados por ley a su favor.
3. Las contribuciones, tasas, arbitrios, licencias y derechos de su competencia, creados por su Consejo.
4. Los recursos asignados del Fondo de Compensación Municipal que se crea por ley según los tributos municipales.
5. Las transferencias presupuestales del Gobierno Central.
6. Los recursos que les correspondan por concepto de canon.
7. Los demás recursos que determine la ley.

Artículo 194.° Las municipalidades pueden asociarse o concertar entre ellas convenios cooperativos para la ejecución de obras y la prestación de servicios comunes.

Artículo 195.° La ley regula la cooperación de la Policía Nacional con las municipalidades en materia de seguridad ciudadana.

Artículo 196.° La capital de la República, las capitales de provincias con rango metropolitano y las capitales de departamento de ubicación fronteriza tienen régimen especial en la Ley Orgánica de Municipalidades.

El mismo tratamiento rige para la Provincia Constitucional del Callao y las provincias de frontera.

Artículo 197.° Las Regiones tienen autonomía política, económica y administrativa en los asuntos de su competencia.

Les corresponden, dentro de su jurisdicción, la coordinación y ejecución de los planes y programas socioeconómicos regionales, así como la gestión de actividades y servicios inherentes al Estado, conforme a ley.

Sus bienes y rentas propias se establecen en la ley. Las Regiones apoyan a los gobiernos locales. No los sustituyen ni duplican su acción ni su competencia.

Artículo 198.º La estructura organizada de las Regiones y sus funciones específicas se establecen por ley orgánica.

Son las máximas autoridades de la Región el Presidente y el Consejo de Coordinación Regional.

El Presidente de la Región es elegido por sufragio directo por un período de cinco años. Puede ser reelegido. Su mandato es revocable, pero irrenunciable. Goza de las prerrogativas que le señala la ley.

El Consejo de Coordinación Regional está integrado por el número de miembros que señala la ley. Los alcaldes provinciales o sus representantes son, de pleno derecho, miembros de dicho Consejo.

Artículo 199.º Las Regiones y las municipalidades rinden cuenta de la ejecución de su presupuesto a la Contraloría General de la República. Son fiscalizadas de acuerdo a Ley.

Título V. De las garantías constitucionales

Artículo 200.° Son garantías constitucionales:

1. La Acción de Hábeas Corpus, que procede ante el hecho u omisión, por parte de cualquier autoridad, funcionario o persona, que vulnera o amenaza la libertad individual o los derechos constitucionales conexos.

2. La Acción de Amparo, que procede contra hecho u omisión, por parte de cualquier autoridad, funcionario o persona, que vulnera o amenaza los demás derechos reconocidos por la Constitución. No procede contra normas legales ni contra resoluciones judiciales, emanadas de procedimiento regular.

3. La Acción de Hábeas Data, que procede contra el hecho u omisión, por parte de cualquier autoridad, funcionario o persona, que vulnera o amenaza los derechos a que se refiere el Artículo 2.°, incisos 5, 6, y 7 de la Constitución.

4. La Acción de Inconstitucionalidad, que procede contra las normas que tienen rango de ley, que procede contra las normas tienen rango de ley: leyes, decretos legislativos, decretos de urgencia, tratados, reglamentos del Congreso, normas regionales de carácter general y ordenanzas municipales que contravengan la Constitución en la forma o en el fondo.

5. La Acción Popular, que procede, por infracción de la Constitución y de la ley, contra los reglamentos, normas administrativas y resoluciones y decretos de carácter general, cualquiera sea la autoridad de la que emanen.

6. La Acción de Cumplimiento, que procede contra cualquier autoridad o funcionario renuente a acatar una norma

legal o un acto administrativo, sin perjuicio de las responsabilidades de ley.

Una ley orgánica regula el ejercicio de estas garantías y los efectos de la declaración de inconstitucionalidad o ilegalidad de las normas.

El ejercicio de las acciones de hábeas corpus y de amparo no se suspende durante la vigencia de los regímenes de excepción a que se refiere el Artículo 137.º de la Constitución.

Cuando se interponen acciones de esta naturaleza en relación con derechos restringidos o suspendidos, el órgano jurisdiccional competente examina la razonabilidad y la proporcionalidad del acto restrictivo. No corresponde al juez cuestionar la declaración del estado de emergencia ni de sitio.

Artículo 201.º El Tribunal Constitucional, se exigen los mismos requisitos que para ser vocal de la Corte Suprema. Los miembros del Tribunal Constitucional gozan de la misma inmunidad y de las mismas prerrogativas que los congresistas. Les alcanzan las mismas incompatibilidades. No hay reelección inmediata.

Para ser miembro del Tribunal Constitucional, se exigen los mismos requisitos que para ser vocal de la Corte Suprema. Los miembros del Tribunal Constitucional gozan de la misma inmunidad y de las mismas prerrogativas que los congresistas. Les alcanzan las mismas incompatibilidades. No hay reelección inmediata.

Los miembros del Tribunal Constitucional son elegidos por el Congreso de la República con el voto favorable de los dos tercios del número legal de sus miembros. No pueden ser elegidos magistrados del Tribunal Constitucional los jueces o fiscales que no han dejado el cargo con un año de anticipación.

Artículo 202.° Corresponde al Tribunal Constitucional:

1. Conocer, en instancia única, la acción de inconstitucionalidad.
2. Conocer, en última y definitiva instancia, las resoluciones denegatorias de hábeas corpus, amparo, hábeas data, y acción de cumplimiento.
3. Conocer los conflictos de competencia, o de atribuciones asignadas por la Constitución, conforme a la ley.

Artículo 203.° Están facultados para interponer acción de inconstitucionalidad:

1. El Presidente de la República;
2. El Fiscal de la Nación;
3. El Defensor del Pueblo;
4. El veinticinco por ciento del número legal de congresistas;
5. Cinco mil ciudadanos con firmas comprobadas por el Jurado Nacional de Elecciones. Si la norma es una ordenanza municipal, está facultado para impugnarla uno por ciento de los ciudadanos del respectivo ámbito territorial, siempre que este porcentaje no exceda del número de firmas anteriormente señalado.

6. Los presidentes de Región con acuerdo del Consejo de Coordinación Regional de los alcaldes provinciales con acuerdo de su Consejo, en materias de su competencia.

7. Los colegios profesionales en materias de su especialidad.

Artículo 204.º La sentencia del Tribunal que declara la inconstitucionalidad de una norma se publica en el diario oficial. Al día siguiente de la publicación, dicha norma queda sin efecto.

No tiene efecto retroactivo la sentencia del Tribunal que declara inconstitucional, en todo o en parte, una norma legal.

Artículo 205.º Agotada la jurisdicción interna, quien se considere lesionado en los derechos que la Constitución reconoce puede recurrir a los tribunales u organismos internacionales constituidos según tratados o convenios de los que el Perú es parte.

Título VI. De la reforma de la Constitución

Artículo 206.º Toda reforma constitucional debe ser aprobada por el Congreso con mayoría absoluta del número legal de sus miembros y ratificada mediante referéndum. Puede omitirse el referéndum cuando el acuerdo del Congreso se obtiene en dos legislaturas ordinarias sucesivas con una votación favorable, en cada caso, superior a los dos tercios del número legal de congresistas. La ley de reforma constitucional no puede ser observada por el Presidente de la República.

La iniciativa de reforma constitucional corresponde al Presidente de la República, con aprobación del Consejo de Ministros; a los congresistas; y a un número de ciudadanos equivalente al cero punto tres por ciento (0.3 %) de la población electoral, con firmas comprobadas por la autoridad electoral.

Disposiciones finales y transitorias

Primera. Los nuevos regímenes sociales obligatorias, que sobre materia de pensiones de los trabajadores públicos, se establezcan, no afectan los derechos legalmente obtenidos, en particular el correspondiente a los regímenes de los decretos leyes 19990 y 20530 y sus modificatorias.

Segunda. El Estado garantiza el pago oportuno y el reajuste periódico de las pensiones que administra, con arreglo a las previsiones presupuestarias que éste destine para tales efectos, y a las posibilidades de la economía nacional.

Tercera. En tanto subsistan regímenes diferenciados de trabajo entre la actividad privada y la pública, en ningún concepto pueden acumularse servicios prestados bajo ambos regímenes. Es nulo todo acto o resolución en contrario.

Cuarta. Las normas relativas a los derechos y a las libertades que la Constitución reconoce se interpretan de conformidad con la Declaración Universal de Derechos Humanos y con los tratados y acuerdos internacionales sobre las mismas materias ratificados por el Perú.

Quinta. Las elecciones municipales se alteran con las generales de modo que aquéllas se realizan a mitad del período presidencial, conforme a ley. Para el efecto, el mandato de los alcaldes y regidores que sean elegidos en las dos próximas elecciones municipales durará tres y cuatro años respectivamente.

Sexta. Los alcaldes y regidores elegidos en el proceso electoral de 1993 y sus elecciones complementarias concluyen su mandato el 31 de diciembre de 1995.

Séptima. El primer proceso de elecciones generales que se realice a partir de la vigencia de la presente Constitución, en tanto se desarrolla el proceso de descentralización, se efectúa por distrito único.

Octava. Las disposiciones de la Constitución que lo requieren son materia de leyes de desarrollo constitucional.
Tienen prioridad:

1. Las normas de descentralización y, entre ellas, las que permitan tener nuevas autoridades elegidas a más tardar en 1995. Y
2. Las relativas a los mecanismos y al proceso para eliminar progresivamente los monopolios legales otorgados en las concesiones y licencias de servicios públicos.

Novena. La renovación de los miembros del Jurado Nacional de Elecciones, instalado conforme a esta Constitución, se inicia con los elegidos por el Colegio de Abogados de Lima y por las Facultades de Derecho de las universidades públicas.

Décima. La ley establece el modo como las oficinas, los funcionarios y servidores del Registro Civil de los gobiernos locales y los del Registro Electoral se integran al Registro Nacional de Identificación y Estado Civil.

Undécima. Las disposiciones de la Constitución que exijan nuevos o mayores gastos públicos se aplican progresivamente.

Duodécima. La organización política departamental de la República comprende los departamentos siguientes: Amazonas, Ancash, Apurímac, Arequipa, Ayacucho, Cajamarca, Cuzco, Huancavelica, Huánuco, Ica, Junín, La Libertad, Lambáyeque, Lima, Loreto, Madre de Dios, Moquegua, Pasco, Piura, Puno, San Martín, Tacna, Tumbes, Ucayali; y la Provincia Constitucional del Callao.

Decimotercera. Mientras no se constituyen las Regiones y hasta que se elija a sus presidentes de acuerdo con esta Constitución, el Poder Ejecutivo determina la jurisdicción de los Consejos Transitorios de Administración Regional actualmente en funciones, según el área de cada uno de los departamentos establecidos en el país.

Decimocuarta. La presente Constitución, una vez aprobada por el Congreso Constituyente Democrático, entra en vigencia, conforme al resultado del referéndum regulado mediante ley constitucional.

Decimoquinta. Las disposiciones contenidas en la presente Constitución, referidas a número de congresistas, duración del mandato legislativo, y Comisión Permanente, no se aplican para el Congreso Constituyente Democrático.

Decimosexta. Promulgada la presente Constitución, sustituye a la del año 1979.

Declaración

EL CONGRESO CONSTITUYENTE DEMOCRÁTICO

DECLARA que el Perú, país del hemisferio austral, vinculado a la Antártida por costas que se proyectan hacia ella, así como por factores ecológicos y antecedentes históricos, y conforme con los derechos y obligaciones que tiene como parte consultiva del Tratado Antártico, propicia la conservación de la Antártida como una Zona de Paz dedicada a la investigación científica, y a la vigencia de un régimen internacional que, sin desmedro de los derechos que corresponden a la Nación, promueva en beneficio de toda la humanidad la racional y equitativa explotación de los recursos de la Antártida, y asegure la protección y conservación del ecosistema de dicho Continente.

CARLOS TORRES Y TORRES LARA
Ing. JAIME YOSHIYAMA
Presidente de la Comisión de
Presidente
Constitución y de Reglamento
Congreso Constituyente Democrático

Anexo

ANTECEDENTES

I. Dictamen de la Comisión de Constitución y Reglamento al Proyecto Constitucional elevado al pleno y publicado en El Peruano el 1 de julio de 1993.

I. 1 Proyectos de Reforma Constitucional

Señor:

Han ingresado y han sido puestos en conocimiento de los miembros de vuestra Comisión de Constitución los siguientes 46 proyectos de Reforma Constitucional presentados de conformidad con los artículos 31 y 49 del Reglamento del CCD [Nota editorial: Constitución Política del Perú], los cuales han servido a cada Congresista para contribuir en la elaboración del Proyecto Sustitutorio que hoy elevamos al Pleno:

1. Proyecto N.º 03/92-CCD presentado por los señores Congresistas: doctor Rafael Rey Rey y doctor Enrique Chirinos Soto.

2. Proyecto N.º 11/92-CCD presentado por el Congresista: González Ortiz de Zevallos Roedal.

3. Proyecto N.º 40/93-CCD presentado por los Congresistas: doctor Sambuceti, doctor Cuaresma y otros.

4. Proyecto N.º 70/93-CCD presentado por el Congresista: doctor Carlos Torres y Torres Lara.

5. Proyecto N.º 21/92-CCD presentado por el Congresista: doctor Jorge Torres Vallejo.

6. Proyecto N.º 75/93-CCD presentado por el Congresista: licenciado Tito Chávez Romero.

7. Proyecto N.º 79/93-CCD presentado por el Congresista: doctor Julio Chu Meriz.

8. Proyecto N.º 89/93-CCD presentado por el Congresista: doctor Julio Chu Meriz.

9. Proyecto N.º 91/93-CCD presentado por el Congresista: doctor Julio Chu Meriz.

10. Proyecto N.º 122/93-CCD presentado por el Congresista: doctor Julio Chu Meriz.

11. Proyecto N.º 131/93-CCD presentado por la Corte Suprema de Justicia.

12. Proyecto N.º 137/93-CCD presentado por el Congresista: doctor Pedro Cáceres V.

13. Proyecto N.º 144/93-CCD presentado por el Congresista: doctor Pedro Cáceres V.

14. Proyecto N.º 145/93-CCD presentado por el Congresista: doctor Pedro Cáceres V.

15. Proyecto N.º 146/93-CCD presentado por el Congresista: doctor Pedro Cáceres V.

16. Proyecto N.º 150/93-CCD presentado por el Congresista: doctor Pedro Cáceres V.

17. Proyecto N.º 152/93-CCD presentado por el Congresista: doctor Juan Carrión Ruiz.

18. Proyecto N.º 165/93-CCD presentado por el Congresista: doctor Pedro Cáceres V.

19. Proyecto N.º 177/93-CCD presentado por el Congresista: doctor Pedro Cáceres V.

20. Proyecto N.º 178/93-CCD presentado por el Congresista: doctor Julio Chu Meriz.

21. Proyecto N.º 179/93-CCD presentado por el Congresista: doctor Julio Chu Meriz.

22. Proyecto N.º 188/93-CCD presentado por el Congresista: doctor Pedro Cáceres V.

23. Proyecto N.º 340/93-CCD presentado por el Congresista: doctor Pedro Cáceres V.

24. Proyecto N.º 339/93-CCD presentado por los Congresistas: doctor Antonio Flores Aráoz, doctora. Lourdes Flores Nano y otros.

25. Proyecto N.º 345/93-CCD presentado por el Congresista: Ing. Genaro Colchado Arellano.

26. Proyecto N.º 383/93-CCD presentado por los Congresistas: doctor Enrique Chirinos Soto e Ing. Guillermo Carpio Muñoz.

27. Proyecto N.º 382/93-CCD presentado por el Congresista: doctor Pedro Cáceres V.

28. Proyecto N.º 387/93-CCD presentado por el Congresista: doctor Pedro Cáceres V.

29. Proyecto N.º 388/93-CCD presentado por el Congresista: doctor Juan Carrión.

30. Proyecto N.º 411/93-CCD presentado por el Congresista: doctor Julio Chu Meriz.

31. Proyecto N.º 434/93-CCD presentado por el Congresista: doctor Guillermo Ysissola Farfán.

32. Proyecto N.ª 438/93-CCD presentado por el Congresista: doctor Alexander Kouri Bumachar.

34. Proyecto N.º 439/93-CCD presentado por el Congresista: doctor Ernesto Gamarra Olivares.

35. Proyecto N.º 454/93-CCD presentado por la Comisión de Producción, Presidente: Ing. Celso Sotomarino Chávez.

36. Proyecto N.º 466/93-CCD presentado el Congresista: doctor Willy Serrato Puse.

37. Proyecto N.º 488/93-CCD presentado por el Congresista: Mario Paredes Cueva.

38. Proyecto N.º 516/93-CCD presentado por el Congresista: doctor Manuel Moreyra Loredo.

39. Proyecto N.º 517/93-CCD presentado por el Congresista: doctor Humberto Sambuceti P.

40. Proyecto N.º 534/93-CCD presentado por el Congresista: doctor Oswaldo Sandoval Aguirre.

41. Proyecto N.º 534/93-CCD presentado por el Congresista: Gamaniel Barreto Estrada.

42. Proyecto N.º 634/93-CCD presentado por el Congresista: doctor Gamaniel Barreto Estrada.

43. Proyecto N.º 654/93-CCD presentado por el Congresista: doctor Manuel Moreyra Loredo.

44. Proyecto N.º 133/93-CCD presentado por el Congresista: doctor Willy Serrato.

45. Proyecto N.º 274/93-CCD presentado por el Congresista: doctor Enrique Chirinos Soto.

46. Proyecto N.º 335/93-CCD presentado por el Congresista: doctor Luis Enrique Tord Romero.

Asimismo se han recibido 9 proyectos remitidos por las Comisiones Agraria; de Educación, Cultura y Deporte; de Salud, Población y Familia; de trabajo y Seguridad Social; de Descentralización, Gobiernos Locales y Desarrollo Social; de Amazonia y Medio Ambiente; de Economía y de Producción, conforme al Artículo 26 del Reglamento del CCD.

Por otro lado, se han recibido y analizado 175 propuestas de reforma constitucional de personas naturales e instituciones públicas y privadas de Lima y provincias, así como de organizaciones gremiales, sindicales, etc.

La Comisión ha realizado 107 reuniones de trabajo en las cuales se aprobó un primer anteproyecto que fue publicado en el diario oficial El Peruano el día 20 de mayo de este año, así como un segundo anteproyecto que había sido dictaminado, además, por la Subcomisión de Redacción y fue publicado el 22 de junio de 1993.

En dichas reuniones de trabajo, la Comisión ha recibido como invitados especiales para colaborar con la labor constitucional a los doctores: Antonio Belaúnde, Manuel Aguirre Roca, Fernando de Trazegnies Granda, Domingo García Belaúnde, Javier de la Rocha Merie, Beatriz Ramaccioti, Andrés Aramburú Menchaca, Eduardo Ferrero Costa, y Juan Miguel Bákula Patiño.

Asimismo, concurrieron a la Comisión a plantear sus propuestas los señores doctor César Polack Romero, Presidente del Jurado Nacional de Elecciones; doctor Germán Suárez Chávez, Presidente del Banco Central de Reserva; señor Ricardo Belmont Casinelli, Alcalde de Lima y José Muguía Zannier, Alcalde de Trujillo.

Estuvieron como invitados a la Subcomisión de Opiniones y Consultas de la Comisión de Constitución, para opinar sobre los Anteproyectos publicados por la Comisión en el diario Oficial «El Peruano»:

1. Los doctores: Marciel Rubio Correa, Alfredo Quispe Correa, Virgilio Berrocal Falconí, Washington Durán Abarca, Jorge Power Manchego-Muñoz, Francisco Miró Quesada Rada, doctor Gastón Soto Vallenas, doctor Ernesto Blume Fortini, doctor José Luis Sardón, Catedráticos de Derecho Constitucional de diversas Facultades de Derecho de las Universidades Nacionales y Particulares de Lima.
2. Los señores: doctor Virgilio Espinoza H., Decano del Colegio de Ingenieros del Perú, Arq. Ricardo Gonzáles Cortéz, Decano del Colegio de Arquitectos del Perú; doctor Luis

Villamonte V., Decano del Colegio Economistas del Perú; doctor Raúl Romero Torres, Decano del Colegio Médico del Perú.

3. Los señores: Federico Arnillas, de la Asociación Nacional de Centros; Santiago Pedraglio, CEPES; Ana María Vidal, IDS; Ivan Degregori, IEP; Susana Galdos, Manuela Ramos; Manuel Iguiñez, TAREA; representantes de ONG'S Nacionales.

4. Los señores: Juan Luna Rojas, Secretario General de la Confederación de Trabajadores del Perú; Julio Cruzado Z., Secretario General de la Confederación de Trabajadores Democráticos del Perú; Alfredo Lazo, Secretario General de la Central Autónoma de Trabajadores del Perú; Eduardo Castillo S., Secretario General de la Federación de Empleados Bancarios; Oscar Montes Velázquez, Secretario General de la Federación Nacional de Trabajadores Pesqueros; Leoncio Clavel, Secretario General de la Federación Nacional de Trabajadores Mineros; y Z. Zaler, Presidente de la Confederación Unificada de Trabajadores Pensionistas del Perú; representantes de los Gremios Laborales.

5. Los señores: Ing. Juan Aguirre Roca, Presidente de CONFIEP; Ing. Alvaro Quevedo, Presidente de CAPECO; Ing. Roque Benavides, Presidente de la Sociedad Nacional de Minera y Petróleo; señor Augusto Mulanovich, Presidente de CONACO; señor Samuel Gleiser, Presidente de la Confederación de Cámaras de Comercio; señor Hernando Guerra García, Presidente de la Organización Nacional Agraria; señor Telmo de la Quintana, Presidente de la Asociación Peruana de Radio y Televisión; y señor Manuel Rabines, Presidente de la Federación Nacional de Cooperativas de Ahorro y Crédito.

Cabe destacar que el Presidente y algunos miembros de la Comisión de Constitucional y de Reglamento visitaron provincias del interior del país, ofreciendo conferencias informativas sobre los proyectos publicados, en las ciudades de Ayacucho, Puno, Cuzco, Arequipa, Tacna, Ica, Tumbes, Piura, Chiclayo, Trujillo, y Cajamarca. En dichos viajes se han recogido diversas sugestiones que han sido incorporadas al proyecto final, tales como las siguientes:

a. Reducir el número de artículos del artículos del proyecto de Constitución excluyendo las disposiciones que puedan ser legislados en normas de menor jerarquía, evitando el reglamentarismo en la Constitución.

b. Establecer el canon a favor de las provincias en las que explotan los recursos naturales.

c. Suprimir el término de intendente y mantener las figura de los prefectos.

d. Establecer incentivos para el desarrollo de la pequeña empresa.

e. Ampliar las regulaciones sobre Partidos Políticos.

f. Darle a la Asociación Nacional de rectores mayor participación en al creación de Universidades.

También, en Lima el Presidente y algunos miembros de la Comisión han concurrido a eventos para difundir los avances en la Reforma Constitucional, organizados por diversas instituciones representativas como el Colegio de Abogados de Lima y el Colegio de Contadores Públicos de Lima con participación de representantes de la Federación Nacional de Colegios de Contadores Públicos del Perú.

Finalmente, se debe mencionar que la Comisión ha acordado reducir el proyecto original de 296 artículos a 226, son contar las Disposiciones generales y Transitorias que se mantienen sin variaciones. Para dicha reducción se han excluido algunos artículos que deberán ser materia de ley, sin introducir ninguna modificación en los artículos que se mantienen.

I. 2. El Perú es un país pluriétnico y pluricultural

La primera visión que tiene el Proyecto concibe al Perú como país pluriétnico y pluricultural, en consideración ello a el proyecto comienza estableciendo por ejemplo, que todos los peruanos tienen el derecho a expresarse en su propio idioma, no solamente en castellano, sino también en quechua o en aymará, ante cualquier autoridad.

La futura Constitución proyecta tres grandes cambios en los campos social, político y económico.

En el área de los derechos de la persona se repiten los de la Constitución vigente pero a la vez se incorporan nuevos conceptos que apoyan la integración de nuestra población. Por ejemplo, se establece el derecho a la iniciativa legislativa. Se ha tratado de combinar la democracia representativa con instituciones de la democracia directa a efecto de contribuir a la superación de la segregación existente.

Un segundo derecho consignado es el de la revocación de las autoridades. Los ciudadanos deben sentir que tienen el derecho no solo de elegir autoridades, sino que a través de un sistema de consulta es posible remover del cargo a una autoridad inmoral o incapaz.

Otra derecho ciudadano que se establece es el referéndum, para consultarle a la ciudadanía, sobre las decisiones graves que debe adoptar el Estado.

Otra innovación es el derecho a la información, como la facultad que tiene un ciudadano de exigirla, incluso mediante un procedimiento que se llamará Hábeas Data. Además se prevé el derecho de cualquier persona a exigir que los servicios informáticos computarizados no suministren informaciones que afectan a su intimidad personal.

También se contempla como un derecho nuevo que la población elija a sus Jueces de Paz y en algunos a los de primera Instancia. La idea es integrar a la población con su poder Judicial. Esto será importante particularmente en los pueblos más apartados de la capital.

Otra forma de integrar al pueblo con su poder Judicial ha sido reconocer la facultad de ejercer la función jurisdiccional, para la aplicación de su derecho consuetudinario, a las Comunidades Campesinas y Nativas con el apoyo de las Rondas Campesinas. Se remite a la ley el establecimiento de las características de esta jurisdicción y de su integración en el sistema judicial.

I. 3. Cambios en el área política

En cuanto a las reformas en el ámbito político, el objetivo fundamental es lograr un adecuado equilibrio de poderes.

Nuestro sistema no es presidencialista ni parlamentarista sino una combinación conflictiva de los dos sistemas, que no estaba bien elaborada, pues cada vez que ha habido conflicto grave entre los dos poderes, el asunto ha terminado con un golpe de Estado. En el proyecto se establece que el Presidente podrá, por una sola vez durante su gobierno, disolver parcialmente el Congreso (la Comisión Permanente quedará como órgano fiscalizador temporal) si es que se llega a un conflicto que en su criterio resulte insoluble. La norma establece que no lo podrá hacer en el primero no en el último año de su mandato y que el nuevo Congreso podrá censurar al Congreso de Ministros que autorizó la medida además de tener que aprobar el nuevo Programa de Gobierno.

Pero una reforma del balance de fuerzas solo será posible, si además se concede más fuerza al Gabinete y al propio Congreso y a su vez se logra una adecuada descentralización municipalizada. En el Proyecto de Constitución, se impulsa una mayor responsabilidad de Gobierno a nivel del Gabinete. Por ejemplo, dándole la facultad de aprobar los llamados Decretos de Urgencia que tienen calificación material de ley, lo que hasta este momento lo puede hacer el Presidente de la República solo con la firma de un Ministro.

Una sola Cámara reforzará al Parlamento. Cuando hay dos cámaras el conflicto entre ambas es permanente. La teoría jurídica dice que una cámara cuida los excesos de la otra, pero esa es una teoría jurídica superada por los nuevos fenómenos políticos. Aquella teoría concebía que solamente el Parlamento es el que da leyes y el Ejecutivo el que las ejecuta. Pero resulta que en los últimos cincuenta años, en la mayor parte de países, incluyendo al Perú, el gran productor de normas de nivel jerárquico de leyes es el Poder Ejecutivo. Ahora hay que fiscalizar a éste para que no tenga excesos, y para ello es necesario un Parlamento dinámico y eficiente.

La otra reforma fundamental es descentralización del poder.

El proyecto sustitutorio propone superar la actual regionalización para profundizar la descentralización. La descentralización se producirá en un primer nivel a cargo de los municipios distritales y provinciales según la jurisdicción actual y además mediante acciones regionales desarrolladas por la acción unida de la provincias.

Las municipalidades tendrán competencia, en su jurisdicción, sobre los asuntos administrativos del Estado, limitándose el nivel de los ministerios solo a las funciones indelegables por razón de la unidad del país, tales como las RR.EE, Defensa, Economía y Trabajo.

Se ha establecido, asimismo, la facultad de las municipalidades de asociarse con otras para el cumplimiento de sus fines.

En materia judicial, se ha tratado de darle plena autonomía al Poder Judicial evitando que el Poder Legislativo o Ejecutivo ingresan en la negociación de nombramientos. Los jueces serán nombrados, previo concurso público de méritos y evaluaciones personal, por un organismo autónomo como el Consejo de la Magistratura.

Hay además algunas otras formas importantes, como la institución del Defensor del Pueblo, diferenciada del Ministro Público, que asuma la defensa de los intereses de los ciudadanos, supervise el cumplimiento de los deberes de la administración estatal y la prestación de los servicios públicos.

I. 4. Las reformas económicas

No es posible en un mando competitivo, integrado e internacionalizado avanzar bajo el Estado debe asumir la solución de casi todos los problemas sociales. Ahora es necesario fomentar la idea de la acción propia y la ayuda mutua de los ciudadanos para resolver los problemas sociales, dejando a cargo del Estado solo la atención de las necesidades fundamentales. Así los escasos recursos gubernamentales serán bien usados en lo fundamental: salud, educación, seguridad e infraestructura.

Hoy no hay países que puedan funcionar independientes económicamente del resto del mundo. Y el mundo hoy es liberal en materia económica. Por lo tanto el Perú no puede pretender establecer para mañana o para los próximos años, un nuevo sistema económico diferente a todo el mundo.

Entonces, tenemos que desarrollar un sistema liberal pero, además, con sentido social. Si hay que ponerle un nombre, podría ser modernización o liberalismo social. La modernización o liberalismo social, no debe ser entendido como la libertad solo para los grandes capitales se desarrollan, sino fundamentalmente como un instrumento para liberar las fuerzas productivas de nuestra población y defenderlas de las posiciones de dominio monopólico.

Para esto hay que superar el mercantilismo, es decir la política de los favores mediante cuales, cada grupo obtiene la mejor posición para no competir. Para terminar con eso se ha establecido en el Proyecto de la Constitución que proponemos no habrán más beneficios, que los que se otorguen calificados en la Constitución, como en le caso de la Educación que debe ser gratuita para quienes no pueden pagarla.

Para eso será necesario hacer una reforma radical en nuestro país.

Esta reforma es restaurar el poder del contrato en las relaciones entre las personas, porque éste permite la interrelación de las personas y de las empresas para determinar sus relaciones, obligaciones y derechos. Al conceder al contrato dicha fuerza, hemos avanzado sustancialmente, para evitar lo que ha sucedido antes que cuando se producía una situación que parecía injusta, se daban leyes para modificarla, como en el caso de los contratos de arrendamiento. Las últimas estadísticas indicaron que un alto porcentaje de las viviendas, están desocupadas y que sus propietarios no las alquilan, porque saben que si las arriendan las leyes de inquilinato pueden cambiar los contratos favoreciendo a los inquilinos y los pactado en el contrato quedará sin valor.

Para evitar estas situaciones y dar seguridad jurídica para propiciar las inversiones, ha sido necesario establecer una regla fundamental: la validez plena de los contratos, precisando en el proyecto que el Estado no puede dar leyes modificándolos y que la protección de los contratantes se hará conforme al código civil cuando exista excesiva onerosidad en la prestación, lesión, resolución por incumplimiento, etc.

Libros a la carta

A la carta es un servicio especializado para
empresas,
librerías,
bibliotecas,
editoriales
y centros de enseñanza;
y permite confeccionar libros que, por su formato y concepción, sirven a los propósitos más específicos de estas instituciones.

Las empresas nos encargan ediciones personalizadas para marketing editorial o para regalos institucionales. Y los interesados solicitan, a título personal, ediciones antiguas, o no disponibles en el mercado; y las acompañan con notas y comentarios críticos.

Las ediciones tienen como apoyo un libro de estilo con todo tipo de referencias sobre los criterios de tratamiento tipográfico aplicados a nuestros libros que puede ser consultado en Linkgua-ediciones.com.

Linkgua edita por encargo diferentes versiones de una misma obra con distintos tratamientos ortotipográficos (actualizaciones de carácter divulgativo de un clásico, o versiones estrictamente fieles a la edición original de referencia).

Este servicio de ediciones a la carta le permitirá, si usted se dedica a la enseñanza, tener una forma de hacer pública su interpretación de un texto y, sobre una versión digitalizada «base», usted podrá introducir interpretaciones del texto fuente. Es un tópico que los profesores denuncien en clase los desmanes de una edición, o vayan comentando errores de interpretación de un texto y esta es una solución útil a esa necesidad del mundo académico.

Asimismo publicamos de manera sistemática, en un mismo catálogo, tesis doctorales y actas de congresos académicos, que son distribuidas a través de nuestra Web.

El servicio de «libros a la carta» funciona de dos formas.

1. Tenemos un fondo de libros digitalizados que usted puede personalizar en tiradas de al menos cinco ejemplares. Estas personalizaciones pueden ser de todo tipo: añadir notas de clase para uso de un grupo de estudiantes, introducir logos corporativos para uso con fines de marketing empresarial, etc. etc.

2. Buscamos libros descatalogados de otras editoriales y los reeditamos en tiradas cortas a petición de un cliente.